ごはんのきほん

レシピを見ないで作れるようになりましょう。

有元葉子

はじめに

レシピを見ないで作るごはんが、いちばんおいしい

お湯の中に入れた小松菜が、サッと鮮やかな色になったとき。畑で育った葉っぱが、食べ物に変わった瞬間です。

その瞬間を見定めて、お湯から引き上げ、網にのせて冷ます。ほどよく水気を絞ったら、さあ、今日はどうやって食べようか。塩をぱらりでもいいし、しょうゆをたらりでもいいし。おろししょうがであえようか、かつお節や海苔の香りを加えようか。あるいはすりごまを散らして食べるのもおいしそう。

こんなふうにして作った青菜の一皿は、とてもおいしいです。なぜおいしいのか。自分の感覚で料理を作っているからです。

おいしいごはんを作るのに、難しい手順や手間はいりません。料理屋のような複雑な料理を、家で作る必要はないのです。

料理本などのレシピは、あくまでもヒント。自分の家のごはんは、レシピを考えた〝だれかの〟料理ではなくて〝自分の〟料理でありたい。でないと、おいしくはできないです。

「自分の料理」といっても、オリジナルなアイデア料理という意味ではありません。小松菜のおひたしのような、あたりまえの料理を自分の感覚でおいしく作る。それでいいのです。

家のごはんはシンプルでいい。シンプルがおいしい。

レシピを見ないで、自分の感覚で料理を作っていると、「家のごはんがいちばんおいしい」ということに気づきます。自分だけでなく、家族もそう思うはず。そして、遊びに来た親戚や友だちも、本心から「おいしい」と言ってくれるでしょう。家のごはんには、お店で食べるものとはまるで別物のおいしさがあることに、みんなが気づくと思います。

「うちのごはんがいちばんおいしい」を目指すには、次のことを実践するといいです。

1　ご飯とみそ汁をおいしくする

「ご飯とみそ汁」がおいしければ、それだけで豊かです。毎日のことですから無理をすることなく、「最上のおいしさ」を目指しましょう。ご飯とみそ汁がレベルアップして安定すると、自然とその家のごはんはおいしくなります。

2　季節の野菜のおかずを作る

おかずは、まず野菜。店先に並んでいる季節のおいしそうな野菜を買ってきて、生で、ゆでて、蒸して、炒めて、煮て、シンプルに食べましょう。旬の野菜の簡単なおかずが食卓にあるのが理想です。肉や魚などのおかずは少しでもいい、ぐらいの気持ちで。

3　塩、しょうゆ、みそ、酢で食べる

あたりまえの調味料を使って、シンプルな味つけで食べましょう。

たとえば、白菜を蒸して酢をかけるだけの酢白菜（133ページ）。にんじんを蒸してごまと塩であえるだけの、蒸しにんじんのごま塩あえ（130ページ）。どちらも野菜の簡単な蒸し物ですが、味わいはまるで違い、2品が並ぶとかなりリッチです。シンプルな味つけだから、素材のうまみが活きるのです。

ゆでた青菜にごま油やオリーブオイルをたらして食べるだけでも、最高においしい。良質なオイルも調味料としてとらえてください。

4　パスタを味方につける

毎日の食事に、たまには変化が欲しいもの。そこでおすすめなのがパスタです。ルールを覚えてしまえば、パスタの料理はとても簡単。しかも、季節の野菜をたっぷり食べるのにうってつけです。本格イタリアンでなくても、自分流でいいのです。しょっぱくなくて、フレッシュな味わいの「家のパスタ」がいちばんおいしい。

レシピを見ないで作れるようになる第2弾のこの本には、野菜の食べ方がたくさん出てきます。炊き込みご飯に、みそ汁に、おかずに、パスタに、季節の恵みである野菜をふんだんに使っています。野菜がたっぷりの食事は体にもいいし、経済的にもいいし、すべてにおいて私たちに無理がないのだと思います。

旬のよい野菜を見る目を持つことも大事です。色、香り、つや、弾力があったり、しっとりしているといった手で触れたときの感触——。きゅうり1本選ぶときも、五感を総動員して選びましょう。シンプルな料理は、すでにそこから始まっています。

台所に立ったときも、五感をフルに使ってください。もちろん、食べるときにもです。

レシピの文字を追うのではなく、
目で、耳で、鼻で、手の感触で、舌で、料理を作る。
味つけは、ほかのおかずとのバランスをみて、自分で決める。
あとは、おいしいご飯とみそ汁。
家庭のごはんは、それでいいのです。
さあ、いちばんおいしいごはん作りを始めましょう。

有元葉子

ごはんのきほん　目次

白いご飯、味つきご飯

だし、みそ汁、うどん

旬の野菜をサッと食べる

野菜を食べるパスタ

番外編
毎日のごはんは「しりとり」です

白いご飯、味つきご飯

「レシピを見ない」以前の
大切な話です。
毎日のご飯、
おいしく食べていますか？

「保温をしない」という選択

最近のお米は軽く洗う程度でいい、ともいわれます。でも私はしっかりシャッシャッと研ぎます。研ぐ理由は——白米は、精米して、玄米の茶色い部分を削り取ることで白い米になります。その削り取った粉が、白米にくっついています。粉状のものは酸化が早いです。酸化したものが米の表面についていると、味も落ちるし、体にもよくありません。だから、しっかり研いで洗い流すのです。

研いだ米は10分ほど浸水させてからざるに上げ、20分はおいて水気をきります。それから炊飯器や鍋などに入れて炊きます。

炊く道具は、電気炊飯器でも、土鍋でも、しっかりしたふたつきならば普通の鍋でも炊くことができます。問題は、炊いたあとのご飯をどうするかです。

電気炊飯器を〝保温〟にして、ご飯を炊飯器の中に入れっぱなしという家庭も多いことでしょう。炊きたてに比べて味は落ちるけれど、遅く帰ってきた家族に温かいご飯を食べさせたいので……という場合もあると思います。

気持ちはよくわかります。でも、電気で保温し続けたご飯は水分がどんどん失われて、悲しいくらいおいしくなくなってしまいます。

では、炊いたご飯をどうするか。おひつに移すのがベストです。

Q　研いだお米を20分おくのはなぜですか？

A　米の芯のほうにまで、水を吸収させるためです。乾燥させてある米をもどすために、まずは10分ほど水に浸けます。次にざるに上げて20分ほどおくことで、余分な水気をきると同時に、米の表面についた水分が芯のほうまで行き渡ります。ふっくらと炊き上げるためには、この〝浸水時間〟が必要です。

Q　新米も水に浸けますか？

A　新米は水分を充分に含んでいるので、研いだらざるに上げて水気をきり、すぐに炊いていいです。

おひつに移すとおいしくなる

いつもと同じお米、いつもと同じ炊飯器で炊いても、おひつに移すだけで、本当に驚くほどご飯がおいしくなります。

なぜでしょう？

おひつは杉、サワラ、ヒノキなどの木で作られた、ふたつきの桶です。天然の木でできているので、おひつは〝呼吸〟します。水分を吸ったり、外に逃がしたりを自然にします。湯気の上がる炊きたてのご飯は、お米の外側にも内側にも水分がたっぷり。おひつに入れることで、木が余分な水分を吸ってくれて、ご飯がちょうどおいしい状態に保たれます。昔から使い続けられてきた道具には、それだけの理由がちゃんとあるのです。

おひつに入れて水分がほどよく抜けると、ご飯本来の甘みやうまみが引き出されます。それに噛みしめたときに、鼻に抜けるお米の香りのよいこと！　本当に五感で感じるおいしさです。ほのかな木の香りもご飯のおいしさを際立たせてくれます。

おひつに入れることによって、ご飯という料理は完成すると思うほどです。

炊きたてのアツアツよりも、あら熱がとれたぐらいのときに、お米のうまみが立っている。この味わいを知らないのはもったいないです。

Q　お米はどうやって研ぎますか？

A　米をボウルに入れて水を注いでざっと洗い、1回目の水はすぐに捨てます。その後、再び水を入れ、ボウルを片手でしっかり持ち、もう一方の手のひらのつけ根の部分で、米をシュッシュッと押すようにします。周囲をグルリと研いで、真ん中に帰ってきたら手前から向こうへ押す……をリズミカルな音も耳で楽しみながら繰り返す。これを水を替えて3～4回繰り返し、最後に米を水ですすぎ、きれいな水に米を10分ほど浸けます。

おひつに入ったご飯

Q　おひつはどうやって洗いますか？
A　水を張ってしばらくおき、水とタワシで洗います（洗剤は使いません）。とくに角のあたりや底面にお米のネバッとした感触が残っていますので、タワシでよくこすって洗い流します。そして最後に手で触ってみること。さらりとしていればよし。ネバネバが残っていれば、さらにそこをタワシで洗います。洗ったら、乾いたふきんで拭いて、陽が直接当たらない、風通しのよいところに置いて乾かします。

Q　おひつに炊き込みご飯を入れたいのですが……。
A　どうしても入れたい場合は、使ったあとにしばらく水に浸けてから、タワシでよく洗ってください。

水加減を調整してくれるおひつ

おひつは頼れる道具でもあります。

新しいお米にしたときなどに「水が多かったかな。ご飯がちょっとやわらかい」という経験のある人もいるでしょう。そういうときや、水加減をちょっと失敗したようなときでも、おひつに入れておくと、やわらかいご飯も、かたいご飯も、不思議とそれなりにおいしくなってくれます。そして、おひつの中のご飯は、冷めてもおいしいのです。

ご飯が炊き上がったら、私はとにかくおひつに移します。白いご飯はもちろん、玄米も、もち米などを混ぜて炊いたご飯も。ただし、炊き込みご飯は入れません。しょうゆなどのにおいをおひつにつけたくないからです。それに、おひつのよさを強く感じるのは白米です。ちょっと木の香りがついた白いご飯は、本当においしい。

私はひとり暮らしですが、ご飯をおいしく炊き上げたいので、一度に最低でも2合ずつ炊いています。そのときに食べる分以外は冷凍しますが、冷凍も、一度おひつに移したご飯をラップに包んで冷凍します。

炊飯器からじかにご飯を取って冷凍するのでは、ご飯のおいしさが充分ではありません。いちばんおいしい状態で冷凍したいので、おひつから、なのです。

おひつのご飯は傷みにくいです

さらに、おひつを使っていると驚くのが、ご飯が傷みにくいこと。夜炊いたご飯も、おひつに入れておけば、翌朝になってもおいしいまま食べられます。蒸し暑いときにご飯を炊飯器に入れたままにしておくと、すぐにおいしくなくなってしまうけれど、おひつに移しておけば昼炊いたご飯を夜に食べても大丈夫なくらいです。

おひつの中のご飯は、水分が上手にコントロールされているし、〝呼吸〟している木の道具は通気性がよいので、ご飯が蒸れたようにならない。さらに天然の木が持っている防腐効果も働くようで、ご飯の中の水分が傷みにくいのです。

おひつは安いものではありませんし、洗って乾かす手間もあります。でも、それを押してでも使いたい、使ってほしい道具です。おいしいご飯を食べたいなら、炊飯器は高価なものでなくていいから、おひつを使っていただきたいです。いつもの炊飯器で炊いたご飯をおひつに移すだけで、毎日の食事が格段に豊かになるのですから。

Q　おひつに入れたご飯はどれくらいもちますか？

A　涼しい季節であれば、朝炊いたご飯は夜になっても大丈夫。冷たいままでもおいしいので、おひつに入れたご飯をおやつ代わりにしても。ただし、夏など暑い時季は傷みやすいので早めに食べてください。

ご飯はおひつに移して完成する。

「普通の炊飯器＋おひつ」

この組み合わせがいい、という結論です。

冷凍ご飯は〝変な格好〟がいい

冷凍ご飯も、ちょっとしたことで、とてもおいしく食べられるのをご存じでしょうか。ポイントはご飯の包み方。1回分ずつラップで包むのですが、その包み方にコツがあります。

茶碗によそうときのように、おひつからご飯をしゃもじで取ったら、ラップの上にのせ、その形のままで包むのです。こうすると、空気を含んでふっくらとしたご飯の状態で冷凍することができて、解凍したときのおいしさがまるで違います。

ご飯の形を四角く整えたり、平らにしたりするのは冷凍庫内での納まりはいいけれど、ふっくらとしているご飯をつぶすことになって、味わいの点でいまひとつ。だから、うちの冷凍ご飯はゴロゴロとした、不揃いな変な格好のものばかりです。でも、この〝変な格好〟がいいのです。

解凍は、だいぶ前に電子レンジが壊れてしまって以来、蒸しています。冷凍ご飯のラップをはずして湯気の立った蒸し器に入れるだけ（蒸し器がなくても蒸せます。詳しくは76ページへ）。やわらかくもどるのに20分ぐらいかかり、電子レンジの速さにはかないませんが、味わいでは蒸し器が勝ります。

Q　おひつはどんなものを選べばよいですか？

A　ヒノキやサワラなど木の材質によって、香りや手触りが違いますので、じかに見て好みのものを選ぶといいです。私自身は白いご飯にうっすらと杉の香りが移るのが好きなので、「樽富かまた」の秋田杉のおひつを使っています。

おにぎりではなく、おむすびを

炊きたてのご飯はそのまま食べるのもいいですが、人が集まるときや、手でつまめるようなおかずのときは、おむすびにするのも楽しい。

おむすびは水で手を適度に濡らして、ざりっとするぐらいの塩をつけ、炊きたてのご飯を結びます。にぎるんじゃなくて、結ぶ、です。

手のひらでやさしく包み込み、トン、トン、トンとご飯を両手の中で5～6回、軽くはずませるようにする。表面がしっかり結ばれていて、中はふわっとしているのが理想です。茶懐石の辻嘉一さんは著書『御飯の手習』にこう書いています。

〈おむすびは指先でつくるものではなく、掌《てのひら》と掌をぴったりと密着させる心持ちで、御飯の粒がむすばれるようにつくるのです〉

結ぶ——は、手と手を合わせる〈合掌などに通じるもの〉とも辻さんは書いています。力をいれずに合掌するような気持ちで結ぶ、ご飯に対してやさしい感じです。

そんな気持ちこそが大事で、形は二の次。というか、どうも同じにできないのです、私が。なので大勢で集まるときは、あえて形も大小もバラバラな塩むすびを作り、大皿にドンと盛ります。梅干しなどを添えて。見た目にも可愛らしいし、大きいのが食べたい人も、小さいのが食べたい人もいるので、むしろとても好評です。

小松菜の葉、とろろ昆布で巻いても

おむすびは、塩むすびがいちばんご飯のおいしさがわかると思います。具も入れず、その代わりに梅干し、お漬物、卵焼きといった、ちょっとつまめるおかずを2〜3品添えて、おむすびと一緒に食べるスタイルがわが家流です。

海苔を巻いて食べるのもおいしいですね。海苔はパリッとしているのがよいので、先におむすびに巻いてしまわずに、「お好きにどうぞ」とそのまま食卓に出して、食べたい人が自分で巻くのがいいのです。私は大の海苔好きですので、おむすび1個に海苔½枚を使い、大きなまま巻いて、ご飯が見えないようなおむすびを食べたい。だから海苔は切らずにそのままです。

海苔以外のもので、おむすびを巻くのも楽しいです。

たとえば小松菜の葉。生の小松菜に軽く塩をふって少しおくと、お漬物みたいにしんなりします。それをギュッと水気を絞って広げ、おむすびを包むのです。ほんのり塩味と小松菜のほのかな香りで、これが意外なおいしさです。

とろろ昆布を巻くのもおすすめ。とろろ昆布はご飯が温かいうちにつけると、水分でベタついてしまうので、少し冷めて湯気が出なくなったら、まわりにまぶします。ご飯が見えないぐらい、全体にたっぷりまぶすとおいしいです。

大きいのを食べたい人、
小さいのを食べたい人。
おむすびは同じ形、
同じ大きさでなくてもいいのです。

おむすび

米から炊いたおかゆはおいしい

もしも作ったことがないとしたら、お米からおかゆを炊いてみてください。おかゆに興味がないという人も、ひと口すすれば「ああ、おいしい」と唸るはず。コトコト炊いたおかゆは、すーっと体にしみるおいしさです。

消化がよく、内臓に負担をかけず、朝食にも食欲のないときにもダイエットしたいときにもぴったり。そして何より、お米から炊いたおかゆはおいしいのです。

米にたっぷりの水を加え、やさしい火加減で静かにゆっくりと炊くだけです。

米は、4人で食べるとしても1カップあれば充分。普通に研いで、ざるに上げます。浸水の必要はなし。

研いだ米をすぐに土鍋（普通の鍋でも）に入れて、米の体積の8倍の水を加えます。1カップの米なら、8カップの水です。これが決まりですから、米の8倍の水と覚えてしまいましょう。

鍋を火にかけます。最初から弱い火だと時間がかかってしまうので、ある程度煮立つまでは弱めの中火〜中火くらいで。沸いてきたら火を弱め、小さな火で、ふたをせず、かき混ぜることもしないで、ゆっくりゆっくり煮ます。ふたをするとふきこぼれるので、最初から最後までふたなしで。粘りが出てしまいますから、絶対にかき混ぜ

おかゆ

Q　おかゆを途中で混ぜないと、鍋底にくっつきそうで不安です。

A　くっつかないので大丈夫。混ぜるほどに粘りが出て、中華風のおかゆのようになります。日本のおかゆは混ぜないで、さらりとしたのがいい。おいしい日本の米だからこそ、できることです。

ないこと。つまり、ほったらかしでいいのです。

40分ぐらい炊くと、花が開いたように、お米の粒がほどけてきます。そうなったら1〜2回、へらでシュッと鍋底をかいて底に水分をまわします。

「おかゆが炊けた目安は？」と聞かれたら、私は「食べておいしければできあがり」と答えます。さらりとしたおかゆがお好みならば、それができあがり。少しボリュームが欲しければ、さらに煮ればいいのです。

炊きたてのおかゆは、それだけでごちそう。何もおかずがいらないぐらいです。

1回分ずつ冷凍を

おかゆを炊くのは時間がかかるので、作ったら冷凍しておくのがおすすめです。朝ごはんにも、夜遅くに帰って何かお腹に入れてホッとしたいときも、冷凍のおかゆがあると便利です。

おかゆは1回分ずつ、ふたつきの保存容器に入れて冷凍します。

解凍するときはコツがあります。室温に少しおいて容器からおかゆを出せるようになったら、鍋に移して温めるのですが、このとき、鍋にお湯を沸かしておいて、その中に冷凍のおかゆを入れるのです。こうして温めると、水分量がちょうどよくなると同時におかゆが鍋底にくっつきません。

お米から炊くおかゆは、
米の8倍の水を入れて、
中火→弱火で
静かに炊くだけです。

おかゆ

炊き込みご飯の味つけは
しょうゆで色と香りをつけて、
次に塩で味を決める。
炊く前の味見は必ず。

炊き込みご飯

ごぼうの炊き込みご飯

Q　炊き込みご飯は具を入れる分、水を増やさなくていいのですか？

A　基本的には、白いご飯を炊くときと同じ水加減でいいです。野菜は、その野菜が含んでいる〝自分の水分〟で炊けると考えます。豆や昆布などの乾物類をメインの具にするときは、乾物類は水を吸うので、水をやや多めにしたり、水分として酒を少々加えたりします。

具が1種類でもおいしい

炊き込みご飯は、それじたいが主役で、おかずも兼ねてくれるのがうれしいところ。まずは、ごぼうの炊き込みご飯を作っていただきたいです。ごぼうはうまみの出る野菜なので、だしいらずでとてもおいしい炊き込みご飯ができます。

米3合に対して、ごぼうは太ければ1本、細いものなら2本程度をささがきにします。具が少ないのは寂しいし、多すぎてもご飯となじみが悪くなる。お米は炊くとふくらむので、見た目に「具がちょっと多いかな」と感じるぐらいがちょうどいい。

米は研いで10分浸水させてからざるに上げて20分ほどおき、水気をきります。炊飯器に米を入れ、目盛りまで水分を入れて、調味料で味つけをします。最初にしょうゆを、うっすらと色がつくぐらいに（米3合なら大さじ1〜1杯半）。その程度の色では、ほとんどしょっぱさは感じられません。でも、香りはする。しょうゆは塩気ではなく、色と香りづけの役目なのです。

次に塩を加えます。そしてここで味見をします。お米と水と調味料をぐるぐるとかき混ぜ、水分をスプーンですくって飲んでみる。炊く前に飲んでみるのです。ちょうどいい塩気になっていればそれでよし。足りなければ塩を足します。最後に酒少々を加えてもいいです。

こうして味つけした上に、人差し指くらいの長さのだし昆布1枚をのせ、ささがきのごぼうを入れて炊き上げます。炊き上がったら昆布を取り出し、しゃもじで底から混ぜます。昆布は短辺を半分に切り、端から細く切ってご飯に戻し、さっくりと混ぜて一緒に食べてしまいましょう。これで、ごぼうの炊き込みご飯の完成です。

食物繊維やミネラルが豊富な海藻は、日本の食生活において大事なものです。でも、食べたくてもなかなか食べる機会のない食材。それで私はこんなふうに、炊き込みご飯にうまみとして入れただし昆布も、細く切って一緒に食べることが多いです。

里いもの炊き込みご飯

〝野菜＋だし昆布〟の同じ作り方で、いろいろな炊き込みご飯が楽しめます。里いもの炊き込みご飯は、里いもの皮をむいてペーパータオルでぬめりを拭き取り、3〜4等分に切って昆布と一緒にご飯に炊き込みます。

さつまいもの炊き込みご飯

さつまいもの炊き込みご飯は、さつまいもの皮をむき、1センチ角程度の食べやすい大きさに切って、水に10分ほどさらしてアクを抜きます。水気をきって、昆布と一緒にご飯に炊き込みます。塩とお酒を少し入れるとおいしいです。お酒を入れると炊飯器でもお焦げができやすくなりますので、お焦げが好きな方はぜひお試しを。

きのこの炊き込みご飯

きのこの炊き込みご飯は1種類のきのこでもいいし、しいたけ、まいたけ、しめじなどを取り混ぜても。米3合に対して、しめじを2パックぐらい使って、きのこたっぷりと昆布で炊き込むとおいしくできます。

ごぼうの炊き込みご飯

よりリッチな肉入りの炊き込みご飯

鶏ひき肉や豚ひき肉を入れれば、さらにだしが出て、リッチな味わいの炊き込みご飯ができます。これもおすすめです。

鶏ひき肉と野菜の炊き込みご飯を作ってみましょう。

具の量はお好みですが、目安としては米3合に対して100〜150グラム程度の鶏ひき肉。だし昆布5〜6センチを入れると、いっそう味がよくなります。野菜はなんでも。たとえばしいたけ、しめじ、ごぼう、にんじんを食べやすく切ります。きのこ類は包丁で切るよりも、軸ごと手で縦に裂いたほうがおいしいです。具は「ちょっと多いかな」と感じる程度が、炊き上がったときにいいあんばいです。

米3合は研いで10分浸水させてからざるに上げ、20分ほどおき、水気をきります。米を炊飯器に入れ、3の目盛りまで水を加えたら、ごぼうの炊き込みご飯と同じように先に味をつけます。最初にしょうゆ、次に塩です。水分を混ぜて味見をしてみて、おいしい味になっていればOK。

次に鶏ひき肉を入れ、炊飯器の内釜の中に手を入れて、米や水分とよく混ぜてしまいます。ひき肉はそのままでは固まってしまうし、ひき肉のうまみをご飯に含ませたいので、手でよく混ぜることが大事。経験上、手で混ぜるのがいちばんです。

鶏ひき肉と野菜の
炊き込みご飯

Q　炊き込みご飯に使う昆布は、どんなものを買えばいいですか？

A　羅臼昆布、利尻昆布、真昆布など、だしのよく出る肉厚な昆布を。昆布は値段で味が決まる素材です。「服を一枚我慢しても、よい昆布を買ってください」と私はみなさんに言っています。炊き込みご飯の味出しに入れて、細かく切って一緒に食べれば、ミネラル豊富な海藻が摂れて一石二鳥です。

この上に野菜やきのこをのせて、普通に炊き上げます。炊飯器で炊く場合、ひき肉はお米に混ぜますが、野菜類は米の上にのせます。

なぜかというと、炊飯器によっては（わが家が昔使っていた炊飯器がそうなのですが）、鍋の底の部分に米でないものを感知すると、早くスイッチが上がってしまい、ふっくらと炊き上がらないことがあるからです。土鍋や普通の鍋などで炊き込みご飯を作る場合は、野菜の具も米に混ぜ込んで炊いて結構です。

ご飯が炊き上がったら、しゃもじで上下を返すようにさっくりと混ぜます。昆布を入れた場合は昆布も細切りにして、ご飯に混ぜて一緒に食べます。

肉以外では、油揚げや煮干しも、炊き込みご飯の味出しに向きます。油揚げはお湯で軽くゆでて油抜きをし、端を少し切り落として開きます。これを端から細く切って、ご飯に炊き込みます。塩もみ大根と油揚げの炊き込みご飯を、ぜひ作っていただきたいです。2センチ長さの棒状に切った大根に軽く塩をふり、しんなりしたらギュッと水気を絞って、油揚げと一緒に米の上にのせて炊きます。ご飯に混ざって白い大根は見えなくなりますが、味わいは◎です。

煮干しは頭とはらわたを取って、2つに裂いてご飯に炊き込み、具としても食べてしまいます。塩もみ大根と油揚げの炊き込みご飯に加えてもいいし、ごぼうの炊き込みご飯などに加えても。おいしいだけでなく、カルシウムも摂れます。

塩もみ大根と
油揚げの炊き込みご飯

Q　炊き込みご飯の味出しに、ほかの肉は入れませんか？
A　豚ひき肉でもいいですよ。合わせる野菜はしいたけ、ごぼう、にんじん、なんでもおいしいです。牛ひき肉はアクが出るので、炊き込みご飯には向かないと思います。

混ぜご飯は
〝混ぜ方〟で味に差が出ます。

全部を一気に混ぜるのではなく、
ご飯と具を層にしてから、
小さな面積ごとに上下を返します。

焼き鮭の混ぜご飯

混ぜご飯

菜飯

焼き鮭の混ぜご飯

Q　混ぜご飯にはどんな具が向きますか？
A　水気が多くないものなら、どんなものでも。魚なら、焼いたカマスやアジでも、シラスでも。ひき肉のそぼろもおいしいです。お漬物の薄切りや、きゅうりの塩もみを水気を絞って混ぜてもいいです。自由な発想で楽しんでください。

混ぜご飯は2つのステップで

たとえば大根の葉っぱ。細かく切って塩でもみ、しんなりしたらギュッと水気を絞ります。これを炊きたてのご飯に混ぜた菜飯は、わが家の定番中の定番。気分によってごまをふったり、じゃこをふったり。混ぜご飯は手軽で楽しいお料理です。

お弁当の鮭が一切れ残った、なんていうときも、魚の身をほぐし、煎りごまと海苔を混ぜるだけで、焼き鮭の混ぜご飯のできあがり。

大きなボウルや飯台にご飯を入れて具を混ぜますが、こねないことが大事。こねずに具を均一に、お米をつぶさずに混ぜるには、2ステップのコツがあります。

コツ1、ご飯も具も一度に全部を入れず、数回に分けて、ご飯と具を層にして重ねます。まず、ご飯を適量しゃもじでよそってボウルに入れたら、先を水で濡らした細い箸でご飯を平たくならします。米粒をつぶさないように、ご飯を立たせながらやさしく。その上に鮭などの具を均一に散らし、その上にまたご飯を薄くのせて平らにならし、具を散らす……というふうにご飯と具を2～3段の層にするのです。

コツ2、次にしゃもじで上下をひっくり返しますが、このときも、ここをひっくり返したら次のブロックを、というふうに、小さな面積ごとに上下を返す。こうすると、ご飯粒も立ったままで、具が均一に混ざり、おいしく美しい仕上がりになります。

きゅうりのおすし

気楽なおすしはいかが？

おすしも、もっと気楽に作っていただきたいです。炊きたてのご飯を大きなボウルや飯台に移して、すし酢をまわし入れ、さっくりと切り混ぜて、人肌に冷まします。そこへ好きな具を入れればいいのです。

すし酢の作り方は、米3合に対して、米酢はカップの半分より下（80ミリリットルぐらい）、砂糖は米酢の1/3、塩は砂糖の1/3くらいが目安。酢に砂糖と塩を混ぜて溶かすだけです。具材の味に応じて、酢、砂糖、塩の割合は加減してください。

すし飯を上手に作るコツは、炊きたての熱いご飯に、すぐにすし酢をふりかけること。そしてご飯に粘りを出さず、ご飯がかたまりにならないように、しゃもじで縦に切るようにして混ぜ、すし酢をムラなく行き渡らせます。

具のバリエーションは無数にありますが、私が昔から好きでよく作るのはきゅうりのおすしです。きゅうり4〜5本を薄い輪切りにして塩水に浸け、しんなりしたら水気を絞ります。同様に切ったラディッシュや、ピーマンの薄切りを加えてもいいです。これらと、ちりめんじゃこを1カップぐらい、すし飯に散らして、混ぜご飯と同じように上下を返すようにして混ぜます。お好みで、煎りごまや青じそを散らしても。豪華な具でなくても、とびきりおいしいおすしのできあがりです。

だし、みそ汁、うどん

煮干しだしのみそ汁は
ごちそうです。
煮干しは水に浸けておくだけ。
簡単で、すごくおいしい。

煮干しだしをおすすめします

おいしいご飯とみそ汁が、私たちのごはんの基本です。ご飯とおみそ汁がおいしいだけで、食生活はとても豊かになります。みそ汁のだしについて、私の考えははっきりしています。

みそ汁は煮干しだしに限る。

煮干しなんてハードルが高い……と最初から思い込まないで。水に浸けておくだけなので、とても簡単。それに何より煮干しのだしは澄んだ味わいで、自然の甘みがあり、最高においしいのです。

どこででも売っているし、安価だし、とてもよいものなので、まだ煮干しだしのみそ汁を作ったことのない人は、ぜひ一度作ってみていただきたいです。

小さな子どもがふたりいて、仕事も家庭も忙しい方にお教えしたら、「とにかくおいしくて、子どもが大好きなので、もう元には戻れないです」とお知らせいただきました。水に浸けておくだけでいい気楽さも、忙しい毎日で役立っているようです。

煮干しだしのみそ汁は、毎日のごはんを格上げしてくれます。このおいしさを、ぜひ知っていただきたい。煮干しをもっともっと知ってほしい。私はそんな強い気持ちを持っています。

なぜ、煮干しのだしなのか

なぜ、みそ汁のだしを煮干しでとるのか。その理由からお話ししましょう。だしをとるというと、昆布とかつお節のだしを頭に浮かべる人が多いのではないでしょうか。私も昆布とかつお節のだしをとることもあります。たとえば、おすしに合わせるお吸い物や、ほうれん草と豚肉の常夜鍋や、茶碗蒸しを作るときなどは、昆布とかつお節をふんだんに使った、香りのよいおだしが必要です。

でも、みそ汁にはだんぜん、煮干しのだしが合うのです。

かつお節のだしが「香り」だとすれば、煮干しのだしは「うまみ」です。特別な日のお吸い物にはかつお節のだしが向きますが、家族がひと口すすってホッとする、ふだんの食事にふさわしいのは煮干しのうまみです。

また、かつお節は〝削りたての香りのよさ〟が値打ちです。でも家で削るのは大変だし、削りたての香り高いかつお節を近所で買うのはとても難しい。

その点、煮干しならいつでもどこでも買えます。今まで使ったことのない人も、近所のマーケットで探してみてください。何種類もの煮干しが並んでいることでしょう。

ふだんのおみそ汁にはかつお節よりも、安定して手に入る、煮干しの確かなうまみを選んだほうがいいのです。

Q　みそはどんなものがいいですか?

A　昔ながらの製法で造られた、シンプルなみそがいいです。材料は米(もしくは大豆、麦)と麹と塩だけで造られていて、熟成期間の長いものを。私は新潟で造られた信州みそを愛用していますが、みその味はご自身の好みで選ぶのがいちばん。みそだけをなめて味をみてください。

Q　煮干しだしは冷蔵庫でどれくらいもちますか?
A　私も冬場は2〜3日放っておくことがありますが、やっぱり1日ぐらいのほうがスッキリとして美味。水は傷むので、長期間の保存は避けたほうがいいです。

煮干しは〝水出し〟に限る

私の実家では、昔ながらに煮干しを水から入れて煮出して、みそ汁のだしをとっていました。カルシウムも摂取ということで、煮干しも具として中に浮かんでいました。ですが、どうも私は煮えた煮干しが好きではなかった。

それで、自分でごはんを作るようになってから、煮干しを水に浸けて一晩おき、水出しにしてみたのです。そのおだしをスプーンですくって飲んでみたときの衝撃たるや——とってもおいしかったのです。

うまみがしっかり感じられるのに、スッキリとして、シャープな味わいです。魚臭さはみじんもありません。香りも色も味わいも、とにかく澄んでいて上品。なんのひっかかりもなく喉をするすると通って、体の中に染み渡っていく感覚です。自然のうまみとは、私たちの体が自然に受け入れる、雑味のない味なのだと思いました。

水出しの煮干しだしがあまりにおいしくて、以来ずっと、おみそ汁のだしは、煮干しに決めています。今も、煮干しだしをご存じない方に、「試しに飲んでみて」と水出しの煮干しだしを味見してもらうことがあります。みんな、本当にびっくりします。あまりのおいしさに、歓声を上げる人もいるぐらいです。

煮干しは
見て〝きれいなもの〟を選ぶ。
青いような、シルバーのような色。
煮干しになっても、
生き生きとしているものを。

Q　曲がっている煮干しはよくないですか？
A　生きがよければ、釜に入れたときにひゅっと曲がったりするでしょうから、それは問題ではありません。形よりも色つやを見ましょう。色がきれいで、光っていて、とにかく生き生きとしている煮干しを選ぶこと。

Q　小さい煮干しでもだしが出ますか？
A　出ます。ただ、小さい煮干しは数が必要なので、あまり小さいと頭やはらわたを取るのが大変ですね。私が愛用している香川県の「やまくに」の煮干しは全長６～７センチです。

食べておいしい煮干しを選ぶ

マーケットにはさまざまな袋入りの煮干しが並んでいます。ご自分の目で見て、「きれい」と感じたものを選んでください。青いようなシルバーのような色で、つやがあり、光っているものがいいです。生き生きとしているのがよく、形が少々曲がっていても問題なし。大小もあまり関係なし。見て、きれいであることが大事です。

煮干しはカタクチイワシの稚魚で、１００％天然で国内自給できる魚です。鮮度が命なので、獲った魚は船の上で氷や水で冷やしながら、急いで漁から帰るそうです。鮮度が落ちると、首がもろくなるなどの影響が出るのです。

獲れたてをすぐに海水を沸かした釜で煮上げて、天日で乾燥させます。照りつける太陽と海からの潮風で、キラリと青光りするきれいな煮干しができます。

漁から製造工程の中で丁寧に扱われた煮干しが、最初にも書いたような「きれい」な煮干しです。逆に、お腹が割れていたり、頭が取れかかっているものは丁寧に扱われていない証拠なので、買わないほうがいいです。茶色や黄色がかったものは酸化が始まっていますから、買ってはいけません。

きれいな煮干しを買ったら一尾食べてみてください。煮干しはおいしい。食べておいしい煮干しがいいです。

煮干しは
黒いはらわたを取って、
水に浸けます。
冷蔵庫に8時間。
これで煮干しだしのできあがり。

Q　味見をすると、だしがどうも薄いような気がするのですが。

A　煮干しの量が少ないのかもしれません。一度、煮干しを大胆に使って（5カップの水に煮干しを90グラムほど）だしをとってみてください。

だしは一度にたっぷりとって冷凍を

煮干しだしをとりましょう。煮干しは黒いはらわたを取り除いて使います。頭を取り、身を縦に2つに裂きます。頭を取ると、身は手で簡単に裂けます。裂いた身のお腹のあたりに黒いはらわたがついているので、これだけを取り除きます。頭からもよいおだしが出ますので、頭も使います。はらわたはお腹の中から頭にも続いていますから、頭の中に黒い部分が残っていたら、これも取り除きます。取り除いたはらわた以外の部分（身、頭、骨）をすべて、水に浸けます。

1カップの水に、煮干しが6〜7尾。5カップの水なら、煮干しをひとつかみ（90グラムぐらい）。けっこうたくさん使います。

煮干しを水に浸けたら、冷蔵庫に一晩（約8時間）おきます。2日ぐらい冷蔵庫においても大丈夫ですが、おすすめは8時間。このぐらいがいちばんおいしい。

8時間たったら、こして煮干しを取り除きます。私はボウルにざるをのせ、その上にかたく絞ったさらしのふきんを広げて、煮干し入りのだしを注いでこしています。

これで、水出しの煮干しだしのできあがり。ぜひ飲んでみてください。おいしさはきっと想像以上のはず。煮干しは袋の封を切ったら酸化しやすいので、私は一度に1袋全部使ってたっぷりのだしをとり、1回分ずつ保存用器に入れて冷凍しています。

みそ汁の野菜は
〝切り方と入れるタイミング〟が大事。
たとえば大根は千六本に
細く細く切ります。
ふわっとやわらかくて、
たまらないおいしさ。

絹さやのみそ汁

Q　だし汁を温めるとき、沸騰させますか？　また〝煮えばな〟とはどんなときですか？

A　軽く沸騰させますが、あまりグラグラと沸かしてしまうと香りが飛ぶので、ふわっと沸きそうになったら火を止める感覚で。〝煮えばな〟は沸騰する直前です。

具が1種類でもごちそうです

おいしい煮干しだしがあれば、毎日のおみそ汁が驚くほどおいしくなります。みそは入れすぎない、ちょっと控えめにする。だしがおいしければ、みそは少なめがおいしい。

具は1種類でもいいのです。たとえば絹さやのみそ汁。これは私の大好きなおみそ汁です。春に出盛りの絹さやをたっぷり入れるほかは何も入れず、薬味もなし。

絹さやはシャキッとした歯ごたえが身上ですから、ヘタと筋を取って氷水に浸けておきます。触るとキシキシするまで。鮮度が落ちてペシャッとした絹さやをおみそ汁に入れても、ちっともおいしくないでしょう。だから氷水に浸けて、充分に水分を吸わせ、絹さやを収穫したての状態に近づけてあげる。そうして野菜本来の歯ざわりや甘みやうまみが蘇ってから使えば、おいしさが違うのです。

入れるタイミングも大事。絹さやは火を通しすぎたくないので、だしを温めたら、みそを先に溶きます。ふわっと沸きそうになった〝煮えばな〟で火を止めますが、この、火を止めるのとほぼ同時に絹さやをパッと入れる。すると、火を止めてからの余熱で、ちょうどよい歯ざわりに火が通るわけです。

こんなふうに作ったおみそ汁は、1種類だけの具でもとびきりのごちそう。まさに

ねぎのみそ汁

えのきだけのみそ汁

わかめのみそ汁

「ご飯とみそ汁だけでいい」という言葉がぴったりです。

おかずの代わりになる具だくさんのみそ汁もいいけれど、毎日では飽きます。具が1種類、2種類程度のすっきりとしたみそ汁をおいしく作ることが、やはり食事の基本です。

ほかにも1種類の具でおいしいのは、たとえばねぎのみそ汁。長ねぎを斜め細切りにして、みそ汁の煮えばなにパッと入れるだけです。えのきだけのみそ汁は、根元を切り落としたえのきだけを、温めただしに入れてサッと煮、みそを溶きます。

わかめのみそ汁もいいですね。わかめは水に浸けてもどし、屏風だたみにして食べやすく切ります。これをお椀に入れ、みそを溶いただしを注ぎます。わかめは煮ないほうが歯ごたえがよく、だんぜんおいしいです。豆腐や長ねぎなどの具と組み合わせるときも、わかめは最後の最後に鍋に入れるぐらいがいいです。

「わかめのみそ汁がどうもおいしく作れない」ということをよく聞きますが、まずは煮すぎなのだと思います。それから、どんなわかめを選んでいるか。

わかめは塩蔵や生わかめもありますが、私が愛用しているのは四国の鳴門でとれる乾燥わかめです。近所のマーケットによいわかめがない場合は、地方の物産店やウェブ通販で探してみるという手も。鳴門産の糸わかめ、灰干しわかめなど、気になったものを試してみて、好みのわかめを見つけましょう。

絹さやのみそ汁

みそ汁の油揚げは極細で

油揚げを加えると、野菜だけのみそ汁にコクが出ます。油揚げは油が劣化しますから、できるだけ新しいものを買い求めます。そして、カリカリに焼いて食べるときはそのままでいいですが、油揚げをみそ汁に入れる場合は必ず油抜きします。油抜きは、沸騰したお湯の中に油揚げを入れ、一呼吸おいて裏表を返し、引きあげます。

みそ汁に入れる油揚げは、私は極細に切るのが好きです。太いボソボソとした食感では、どうも野菜の具とうまくなじまない感じがするのです。

極細の切り方はこうです。油揚げを油抜きしたら、四辺のまわりを包丁で細く切り落とし、手で2枚にはがします。はがしにくいときは、油揚げの上に菜箸1本を寝かせて置き、両端を持って強く転がし、油揚げの中の繊維を断ち切るようにします。こうして2枚に開いた（半分の薄さになった）油揚げを、長辺（あるいは短辺）を使う長さに切って、端からできるだけ細く切ります。

この切り方だと、ふんわりとした食感になって、やさしい味わいになるのです。めんどうそう？　いえいえ、極細の油揚げで作るおみそ汁のおいしさを知ったら、この作業もまったく苦になりません。ぜひお試しを。

かぶのみそ汁

Q　具を入れてからみそを溶く場合と、みそを溶いてから具を入れる場合の違いは？

A　野菜などを煮てやわらかくしたいときは、みそを溶く前に具を入れます。逆に、野菜などの歯ごたえを残したいときは、みそを溶いてから具を入れます。いずれも、みそを溶いたらすぐに火を止めること。みそを沸かすと、おいしくなくなってしまいますので。

みそ汁で季節を味わいましょう

毎日の食卓で季節を感じられるって、すてきなこと。四季のある日本に暮らす喜びです。旬の野菜をおみそ汁に入れるだけで、季節を味わうことができるのです。春なら、新キャベツも新玉ねぎも、みそ汁に入れると甘くておいしい。春に出まわる小さなかぶも、やわらかくて、おみそ汁の実に最高です。

かぶのみそ汁は、皮をむかないかぶの食感が私は好きです。ですから皮がやわらかく、表面がなめらかでつるんとしていて、葉もなるべくやわらかいかぶを選びます。

かぶを皮つきのまま、くし形に切ります。あまり細くないくし形切りです。茎を1センチぐらいついたままにすると、見た目も可愛らしいです。ただし、かぶは茎のところに泥がついていることがありますから、葉を切り落としたかぶを丸のまま、水にしばらく浸けておきます。こうすると茎が自然に開いてくるので、竹串で茎の奥の泥をかき出しやすいのです。

そこまでする時間がなければ、茎のつけ根のギリギリのところで切って、実だけの状態にしてももちろんいいです。葉は細かく切って、サッとゆでておきます。

だしを温めて、かぶの実を入れ、ほどよく火が通ったらみそを溶いて火を止めます（煮すぎは禁物）。最後にかぶの葉を散らせばできあがり。

なすのみそ汁
みょうがのみそ汁
いんげんのみそ汁
きのこのみそ汁
青菜のみそ汁
里いものみそ汁

夏になれば、なすのみそ汁です。私はなすを縦半分に切ってから、斜めに薄く薄く切ります。これを水にさらしてアクを抜きます。

なすも火を通しすぎたくないので、温めただしにみそを溶いてからパッと入れ、すぐに火を止めます。続いて、薄く小口切りにしたみょうがをたっぷり入れるのが好きです。こうして作るみそ汁は、なすのフレッシュさを味わうお料理です。

みょうがだけのみそ汁は、薄く切ったみょうがをたっぷり、お椀に入れておいて、そこに熱いおみそ汁を注ぎます。油抜きして細く切った極細の油揚げを加えて、みょうがのみそ汁にコクを出してもいいですね。

いんげんのみそ汁も好きです。いんげんは手でパキパキッと折って、極細の油揚げと一緒におだしでちょっと煮て、みそを溶きます。

秋はきのこのみそ汁。きのこは1種類でもいいし、あれこれ取り混ぜても。だしでサッと煮てから、みそを溶きます。しいたけを入れるときは、大根、にんじん、ごぼう、里いも、小松菜など、何種類かの野菜と組み合わせるのがおすすめ。

ほうれん草や小松菜など、青菜のみそ汁も秋冬の定番です。極細の油揚げと一緒にサッと煮て、みそを溶く。おひたしにするためにゆでた青菜が少し残ったようなときも、みそを溶いたあとのみそ汁に最後に加えれば、みそ汁の具になります。

里いものみそ汁もおいしいものです。里いもは、油揚げと青菜と組み合わせること

大根のみそ汁

が私は多いです。里いもの皮をむき、ひと口大に切ります。これをだしでやわらかく煮て、みそを溶き入れ、最後に青菜を加えます。

ごぼうのみそ汁

ごぼうのみそ汁もよく作ります。ごぼうをささがきにして、だしで煮れば短時間で火が通ります。ごぼうだけでもいいし、きのこを加えても。ごぼうに軽く火が通ったら、みそを溶きます。

大根のみそ汁

冬においしくなる大根のみそ汁は、大根を千六本に切るのがミソ。薄い輪切りにした大根を（スライサーを使っても）、数枚重ねて端から細く細く切る千六本と、極細の油揚げの組み合わせは、ふわっとやわらかで最高においしい。この大根のみそ汁を食べると、ほかの切り方では物足りなくなってしまいます。また、大根を縦に薄切りにしてから細く切ると、今度はシャキッとした歯触りに。異なる食感を楽しめます。大根に少しついていた茎の部分も、細かく切ってサッとゆで、青みとして最後に浮かべます。

白菜のみそ汁

白菜のみそ汁も同様で、白菜を極細のせん切りにすると、ふわふわになって、とても美味。白い部分は筋を断ち切るように細く細く切って、葉っぱのところもなるべく細く切ります。最初にだしに極細の油揚げを入れ、次に白菜の白い部分、最後に葉っぱを時間差で入れて、みそを溶いたら火を止めます。みそはちょっと薄めにしたほうがおいしいです。

煮干しだしのうどん

Q　だしをとったあとの煮干しの利用法は？

A　私はだしがらは食べません。でも、知り合いには煮干しのだしがらの佃煮風が好きな人もいます。ごま油で煮干しを炒め、赤唐辛子の小口切りを加え、酒、みりん、しょうゆ（たまりじょうゆ）で煮詰めて佃煮のようにするそう。

Q　冷凍の煮干しだしでうどんを作ってもいいですか？

A　もちろんです。冷凍のおだしを使えばとても簡単にできるので、疲れて何も作る気がしないときに大助かりです。

おつゆを飲み干したくなるうどん

煮干しだしのうどんは、たまらないおいしさです。具が油揚げとねぎだけでも、おもてなしにも出せる極上のうどんができます。

うどんはおつゆたっぷりがおいしいので、水出しの煮干しだしを多めに用意します。市販のゆでうどんを使います。油揚げは油抜きして2枚に薄く開き、端から極細に切ります。ひとり1枚くらいは食べる感じです。

ねぎは九条ねぎかわけぎを、これもたっぷり（1人½本ぐらい）使います。斜め薄切りにして氷水にさらしておくと、ツンとした辛みや強いにおいが和らぎ、シャキシャキとした口当たりに。10分ほど水に浸け、ざるに上げて水気をきります。

鍋にだしを温めて、薄く色づく程度にしょうゆを入れます。うどんのおつゆに入れるしょうゆは香りづけです。塩気は塩でつけるのです。塩を入れて味を見ます。うまみを感じる塩気がついたら、油揚げを入れます。油揚げは少し味がついたほうがおいしいので、おつゆの中でサッと煮てから取り出します。

器にうどんを入れて熱いおつゆをはります。油揚げとねぎをたっぷりのせ、お好みで七味をかけていただきます。ひと口すすれば「あ〜、おいしい」って思わず声が出るはず。大切な人に食べさせてあげてください。

煮干しのだしをとったら
ぜひ作ってほしいのが
うどんです。
こんなにおいしいうどんは、
ほかでは食べられない。

煮干しだしのうどん

けんちんうどん

卵と菜の花のうどん

野菜たくさんのうどん、卵のうどん

ほかにもご紹介したい、煮干しだしのうどんがあります。まずは、いろいろな野菜が入ったうどんで、うちでは「けんちんうどん」と呼んでいます。

入れる具材は、ごぼう（斜め薄切り）、大根、にんじん（ともにいちょう切り）などの根菜、生しいたけ（いちょう切り）、油揚げ（細切り）、小松菜などの青菜（2センチ長さ）、長ねぎ（小口切り）。鶏や豚肉、かまぼこなどを入れても。全部揃えなくてもいいのですが、できるだけさまざまな具材を入れたほうがおいしいです。

煮干しのだしで根菜、しいたけ、油揚げや肉類を煮て、根菜がやわらかくなったら、しょうゆ少々、塩で味をつけます。最後に青菜やねぎを加えた汁を、うどんを入れた器にはります。このうどんは、冬の寒い時期に食べるのが最高。

少し春めいてきた頃に食べたくなるのが、卵と菜の花のうどんです。菜の花はサッと塩ゆでにし、ざるに上げておきます。卵ひとり分1個を溶いて、さらさらの水溶き片栗粉を卵1個に対して小さじ1ぐらい混ぜておきます。

煮干しのだしを温めてしょうゆ少々と塩で味をつけたら、菜箸に卵液を伝わらせながら静かにまわし入れ、卵がふんわりとしたら火を止めます。このおつゆをうどんを入れた器にはり、菜の花をこんもりと真ん中にのせればできあがりです。

豚汁は水からゆっくり煮る

だしいらずの汁物もあります。みんなの好きな豚汁です。豚肉からも、野菜からもだしが出るので、別途だしをとる必要がなく、手軽に作れるものです。

豚肉は、バラ肉などの脂のある部位が豚汁にはおいしいです。食べやすく切ります。野菜はお好みですが、たとえば大根、にんじんを大きさを揃えて5ミリ厚さのいちょう切りにします。ごぼうはタワシで洗い、薄い輪切りか、大きめのささがきにして水に5分浸けます。里いもは皮をむき、食べやすく切ります。

鍋にごま油を少しひいて、豚肉を炒めます。炒めることで肉がほぐれやすくなり、肉臭さがなくなります。肉の色が変わったら、里いも、ごぼう、にんじん、大根と火の通りにくいものから加えて炒め合わせ、かぶるぐらいに水を加えます。豚汁はおつゆが先になくなり、具ばかり残ってしまうことが多いので、水は心持ち多めに。

中ぐらいの火加減で、水からゆっくり煮て、肉や野菜のうまみを引き出します。これが豚汁のおいしさの秘訣です。強い火で煮立てるのは禁物。おつゆが濁ってしまうので。おつゆが濁るということは、味が濁るということです。

里いもがやわらかくなったら、みそかしょうゆで味をつけ、輪切りにしたわけぎを最後に加えて完成です。七味をふると、さらにおいしいです。

豚汁

具だくさんの豚汁は
だしいらず。
煮立てずに静かに煮ることで
豚肉や野菜からうまみが出ます。

旬の野菜をサッと食べる

春の野菜は水分が多いのです。
だから生に近い状態で
フレッシュに食べましょう。

Q　新キャベツはロールキャベツには向きませんか？
A　新キャベツは水分が多いですし、巻きがふんわりしている＝枚数が少ないですから、ロールキャベツには不向きです。巻きがかたくて、葉がパリッとしている冬のキャベツのほうが、ロールキャベツなどの煮込み料理にはおいしい。

新キャベツのサラダ
新キャベツとパセリのサラダ
新キャベツのアボカドドレッシング

新キャベツ、まずは生でたっぷりと

「野菜の旬がよくわからない」という声を耳にします。「野菜の食べ方がどうもワンパターンで」という声も。四季折々のみずみずしい野菜を、どうやって食べたらいちばんおいしいか、野菜好きの私の食べ方をご紹介しましょう。それこそ、レシピを見ないでサッと作れる簡単なおかずばかりです。

春はキャベツ、玉ねぎ、ごぼう、にんじん、じゃがいも、れんこん——頭に〝新〟がつく野菜がたくさん出てきます。新キャベツ、新玉ねぎというふうに〝新〟のつく野菜は水分が多いのが特徴。だから生で食べたり、軽くゆでたり蒸したりしてシンプルに食べるのがおいしいです。

巻きのふんわりとしたやわらかな新キャベツも、まずは生で！　新キャベツのせん切りをたっぷり食べたくて、私はわざわざトンカツを揚げるぐらいです。新キャベツの葉は冷水に浸けてパリッとさせ、くるくると巻いて、端から細いせん切りにします。そのまま食べてもいいですし、米酢（またはワインビネガーやレモンなど）＋塩・こしょう＋オリーブオイルを混ぜたドレッシングであえれば、新キャベツのサラダになります。ここにパセリのみじん切りをたっぷり混ぜて、新キャベツとパセリのサラダにすることも。粗くつぶしたアボカドとドレッシング＋タバスコ少々であえた新キャベツのアボカドドレッシングも思いがけないおいしさです。

〝塩もみ〟をぜひ覚えてください

生で食べる次は〝塩もみ〟です。〝塩もみ〟という調理法をご存じでしょうか。覚えておくと、とても重宝します。塩もみは、お漬物とサラダの中間ぐらいのフレッシュなおいしさ。キャベツに限らず、にんじん、かぶ、きゅうり、小松菜など、塩もみに向いた野菜はたくさんあります。

野菜に塩をふって、手でもんで、少しおくだけです。それだけで、野菜は塩によって自然のうまみが引き出され、しんなりとやわらかくなり、歯ごたえもよくなっておいしくなる。それに野菜から水分が抜ける分、かさが減ってたくさん食べられます。新キャベツなら、一度に1玉食べてしまえるくらいです。

キャベツをせん切りもしくはひと口大に切ってボウルに入れ「野菜に少し塩気がついている」と感じるぐらいの塩をふって、手でもみます。しばらくおいて（冷蔵庫に入れても）、出てきた水分をギュッと絞れば、キャベツの塩もみのできあがり。ごまをふったり、しそを混ぜたりしてもいいですね。キャベツと一緒にピーマン、セロリ、きゅうりなどのせん切りを塩もみにして合わせれば、立派な一品になります。

キャベツの塩もみ

Q　塩もみの塩の量はどのように決めますか？
A　食べてみて「ちょっとしょっぱいかな」と感じるぐらいです。あとで水気を絞るとき、塩分も一緒に出ていきます。それでも塩辛いときは、水で洗えばいいのです。

〝塩もみ〟するだけで、
生の野菜がおかずになります。

キャベツの梅あえ

Q　なぜ絹さやは水にとるのですか？
A　余熱でそれ以上火が通るのを防ぎたい場合は冷水にとります。熱がとれたらすぐに水から引き上げます。

梅あえ、ごまじょうゆあえ、ごま塩あえ

昔からよく作っているキャベツの梅あえは、キャベツをサッとゆでて、熱がとれたら、粗くたたいた梅干しであえるだけ。極めつきのシンプルさですが、これが不思議とおいしくて、いくらでも食べられてしまう。梅干しは甘みなどのついていない、昔ながらの製法で作られたものがよく、お好みですが、私はキャベツ5枚に対して、梅干し4個程度を使います。

同じくサッとゆでて食べる春の野菜は、絹さや、スナップえんどう。

スナップえんどうはしっかりしているので、普通に熱湯で塩ゆでし、ざるに上げて熱をとります（ゆでた野菜はなるべく水に浸さないほうがおいしい）。一方、絹さやはすぐにヘタッとなるので、少しめんどうですが、私はこんなゆで方をします。

絹さやの筋を取ったら、シャキシャキになるまで冷水に浸けて、生のうちに細く切ります。そして大きめの網じゃくしに絹さやをのせて、塩を入れた熱湯にサッとくぐらせ、冷水にとる。〝ゆでる〟というよりも〝湯通し〟する感覚です。そのぐらいの火の通し方が絹さやはおいしいのです。

こうしてゆでた豆系の野菜は、ごまじょうゆあえや、ごま塩あえにします。ごまは白でも黒でもお好みで。たっぷり使うのがコツです。すり鉢で半ずりにし、そこへし

ょうゆ、もしくは塩を加えて混ぜ、あえ衣を作ります。ごま塩にする場合は、粒が粗めのおいしい塩を使い、ごまと一緒にすり混ぜる感じにするといいです。

すり鉢のあえ衣にスナップえんどう、絹さやを入れて、さっくりとあえる。これでスナップえんどうのごまじょうゆあえ、絹さやのごま塩あえのできあがり。

新じゃがは歯ごたえを楽しみます

最近は新じゃがにも、ほくっとしたやわらかいものが出てきましたが、本来の新じゃがは、ほっくりはしていないのです。ほっくりしているのは、むしろ冬のじゃがいも。寒い時季の野菜は身が締まっているので、じゃがいももデンプン質が密になっていて、ほくほくで粉っぽくなります。煮物やコロッケにはこちらのほうが向いています。逆に春の新じゃがは水分が多く、かたくてサックリした感じ。歯ごたえがいいんですね。ですから、じゃがいものしゃっきり炒めのような食べ方がおすすめです。

大きめの新じゃが1個をマッチ棒ぐらいの細切りにして、サッと洗って水気をきります。フライパンを熱して油をひき、じゃがいもを入れて広げます。なるべく重ならないほうがいいです。かき混ぜずに強火で焼いて「下が焼けて張りついてきたかな」と思ったらへらで上下を返す。歯ごたえが残るかたさに火が通ったらカレー粉をふりかけ、塩をまぶして、すぐに火からおろします。塩は最後。盛りつける直前にふる感

スナップえんどうのごまじょうゆあえ
絹さやのごま塩あえ

じゃがいものしゃっきり炒め

Q　カレー味でなくてもいいですか?
A　もちろん。味つけは塩だけでもいいし、最後に酢としょうゆで味つけして、こしょうをひいてもおいしいです。

覚です。先に塩を入れるとじゃがいもから水が出て、くったりしてしまいますので。シャキシャキの歯ごたえが、この料理のおいしさです。

〝蒸す〟となんでもおいしくなる

新じゃがを、私は蒸すことも多いです。1袋買ってきたら、一度に全部蒸してしまいます。少し残しておいてもなかなか使えず、古くなるばかりですから。〝蒸す〟のはハードルが高い、と感じる方もいるかもしれません。でも、じつは手間いらず。野菜を手軽においしく食べたいならば〝蒸す〟を味方につけるべきです。

〝蒸す〟と、ゆでるよりも早く火が通ります。じゃがいもをゆでようとすると、とにかく時間がかかる。それで途中でゆで湯が足りなくなったり、「火が通ったかな」と竹串で何度も刺してみているうちに、じゃがいもが崩れてしまったり。

その点〝蒸す〟は、蒸気の高温の熱で包み込むように火が通るので、ゆでるよりもスピーディです。そして何より、蒸した野菜はおいしい。じゃがいももにんじんも、ブロッコリーもカリフラワーも、かぶも、蒸したほうが水っぽくならず、野菜の味が濃くなって断然おいしいです。

セイロや蒸し器をお持ちなら、すぐに出し入れできる場所に置きましょう。どちらも持っていない場合でも大丈夫。蒸し器がなくても〝蒸す〟はできます。

Q　じゃがいものしゃっきり炒めを、じゃがいも2個で作りたいときは?

A　フライパンの中に、じゃがいもが一段入っている状態で火を通すのがコツです。だから重なってしまいそうなときは、2回に分けて炒めます。この料理はフライパンが汚れないので、洗わずに2回目の油をひいて大丈夫。

蒸し器がなくても
〝蒸す〟ことはできます。
ゆでるより断然早いし、
〝蒸す〟はいいことずくめです。

Q　蒸した新じゃがのほかの食べ方は？
A　皮ごと揚げて、にんにくじょうゆをからめて食べる。あるいは皮ごとバターで炒めて、塩、こしょう、サワークリームをからめるのもリッチでおいしい。

私もひとり暮らしの自宅には蒸し器がないので、いつもこんな方法で蒸しています。小さめのざると、ざるがすっぽり入る大きさ&深さの鍋を用意します。鍋底から3〜4センチの深さに水を入れ、ざるを逆さまに（口径の広いほうを下にして）入れます。このほうが安定するからです。新じゃがなど蒸したい野菜を皿（あれば平らなざる）に並べて、ざるの上に置きます。そしてふたをし、強めの火にかけて蒸します。

竹串で刺してみて、スッと串がラクに通れば蒸し上がりです。

ポテトサラダ

新じゃがを蒸したら、ちょっと熱いですが、すぐに皮をむきます。フォークでザクザクと食べやすい大きさに崩して、熱いうちに塩をパラパラ、酢をバーッとかける。これだけでとてもおいしい。熱いうちに味をつけるのが、おいしいポテトサラダのコツです。マヨネーズの味にしたかったら、さらにマヨネーズを加えても。

蒸した新じゃがにふきんをなどをかぶせて、皮ごと手のひらで軽く押しつぶします。これに、にんにくとパセリのみじん切り、バターかオリーブオイル、塩、こしょうを加えたものをたっぷりかければ、ポルトガルの有名なクラッシュドポテトのできあがり。これも止まらないおいしさです。

蒸しアスパラガス

春から夏に出盛りのアスパラガスも蒸すのがいちばんおいしい。蒸しアスパラガスをぜひ味わってください。根元を切り落とし、根元近くのかたい皮は包丁で削ってから蒸します。湯気の上がる熱いうちに、オリーブオイルと塩で食べると最高です。

新玉ねぎと
新わかめとトマトのサラダ

新玉ねぎを生でおいしく食べるコツ

新玉ねぎも、春に必ず食べたい野菜です。ひねた玉ねぎに比べて辛みがマイルドですが、そうはいっても、生でたくさん食べようとすると、辛みが気になります。辛みを抜くには水にさらすわけですが、スライスした新玉ねぎを水にさらすと、大変なことになります。ぬめりが出て、嫌な食感になってしまう。それに辛みが抜けすぎて、香りや味も感じられなくなります。

だから新玉ねぎは、半分に切って、水に浸けるのです。30分も浸けておけば、辛みがほどよく抜けて食べやすくなり、ヌルヌルも出ません。

新玉ねぎの、わが家のとっておきの食べ方をご紹介しましょう。新玉ねぎと新わかめとトマトのサラダです。トマトはフルーツトマトが向きます。

水に浸けた新玉ねぎを薄切りにします。新わかめ（乾燥わかめも塩蔵わかめも春に新物が出ます）をたっぷりもどして食べやすく切ります。トマトも食べやすくザクザクと切ります。これらを大きな鉢に盛り合わせて、米酢、しょうゆ、オリーブオイルをだいたい同割に合わせたドレッシングをスーッとまわしかける。そして、さっくりと大きく混ぜてから食べると、すごくおいしい。おもてなしのときにも大人気で、いくら作ってもなくなってしまいます。春ならではのごちそうサラダです。

真っ赤に熟したトマトは
夏の象徴。
手にのせてみて、
ずっしりと重たいトマトを
選びましょう。

Q　トマトのヘタはどのように取りますか？
A　とがった包丁の先をヘタの周囲にぐるりと入れて、かたい部分をくり抜くようにして取り除きます。それから輪切りにします。

トマトは輪切りにするとおいしい

今はさまざまなトマトが出まわっていますね。「どれを選んだらいいでしょう？」と尋ねられると、「よく見ること。できれば手のひらにのせて感触を確かめてみること」とお答えします。銘柄や形のきれいさよりも、弾力や、青くさい野趣めいた香りや、生き生きとして生命力が感じられることが大事。不揃いなトマトがよく道の駅や直売所で売られていますが、私はわざわざ、そういうのを買ってくる。そのほうが自然で、なんだかおいしそうな感じがします。

トマトは触ってみて、ずっしりと重いものがいいです。そして赤いけれどかたいもの。好みかもしれませんが、私はやわらかいトマトがあまり好きではなくて、皮がかたいぐらいのトマトを選びます。かじったらバリッていうぐらいの、しっかりとしたトマトがいいのです。よく黄色っぽい筋が入っているトマトがおいしい、といわれますが、それも当たっていると思います。

おいしいトマトと出合ったら、生で食べましょう。いつもトマトをくし形に切っているならば、横に輪切りにしてみてください。それだけでも、いつもと違うおいしさを感じるはず。切り方も味のうち、なのです。

トマトの輪切りサラダは、普通の大きさのトマトを、1センチほどの少し厚めの輪

トマトの輪切りサラダ

切りにして皿に並べます。これに、ビネガー（米酢、レモンなどでも）＋塩・こしょう＋オリーブオイルを混ぜたドレッシングをかけるだけ。このドレッシングに、みじん切りの玉ねぎを混ぜた玉ねぎドレッシングも、わが家の定番です。玉ねぎの甘みが加わっておいしく、ソテーした鶏や魚にかけてもいいので便利です。

　ドレッシングの調味料の割合は、好みやその日の気分で自由に変えてください。酸っぱいのがお好きでしたらお酢を多めに入れても。トマトにしそを添えるときは、しその風味に合わせてドレッシングの塩を弱めにし、あとからしょうゆをたらりとかけてもいい。しょうゆが入ると、白いご飯のおかずになります。

焼きなすの皮は竹串でむきます

なすも夏野菜の代表格です。初夏から秋口までが出盛りで、旬のなすはぷっくりとふくらんで、きれいな茄子紺をしています。焼く、蒸す、揚げる、みそ汁、パスタ、ぬか漬け……と、季節になると私はいろいろな料理でなすを味わい尽くします。揚げなすについては、前著『レシピを見ないで作れるようになりましょう。』に詳しく書きましたので、ほかの調理法についてお話しします。

　焼きなすはみなさん、どうやって皮をむいているでしょうか？　網焼きしたなすは熱いですが、だからといって水にとると、せっかくの香ばしい香りが消えてしまうし、

玉ねぎドレッシング

Q　玉ねぎドレッシングには、玉ねぎをどれくらい入れますか？

A　ドレッシングと玉ねぎのみじん切りを混ぜたとき、全体の3分の1〜半分ぐらいが玉ねぎかな、という量。新玉ねぎはそのままでもいいですが、辛い玉ねぎの場合は塩もみして洗い、水気を絞ってから入れたほうがいいです。

焼きなす

水っぽくなって味が落ちてしまいます。

焼きなすのおいしい作り方はこうです。

焼き網をガス火にかけて熱く熱します（コンロ付属のグリルでもいいです）。なすをのせたら強めの火で、たまにゴロンと転がして、皮全体が黒く焦げるまで焼きます。皮の焦げていないところは、中が充分に焼けていなくて皮がむきにくい。だから、ときどきなすを手で触って、焼き加減を確かめながら焼きましょう。指で押してみてやわらかいところは火が通っています。かたいところは焼けていないので、その面を下にして焼き、まんべんなく皮が焦げるようにします。

焼けたら網からおろし、熱いうちに竹串を使って皮をむきます。なすのお尻のほうから竹串を横にして入れて皮をひっかけ、お尻からヘタに向けてスーッとリボン状に皮をむいていきます。竹串で一度にむける皮は幅1センチ程度でしょうか。ボウルに水を用意しておき、手をときおり冷やしながら皮をすべてむきます。

皮をむいたなすは、竹串で縦に食べやすく裂きます。ヘタをおさえて、ヘタのつけ根から竹串を入れ、お尻の方向へスーッと動かして切ります。竹串でなすを3〜4等分に縦に切ったら、ヘタを切り落として器に盛ります。おかか、おろししょうが、しょうゆなどをかけて召し上がれ。とろんとやわらかな舌触りがたまらない、夏の一品です。

蒸しなす

皮をむく・むかない、両方の蒸しなすを味わって

蒸しなすには2種類あります。紺色の蒸しなすと、翡翠《ひすい》色の蒸しなすです。前者は皮をつけたまま、後者は皮をすべてむいて蒸すのです。調理の仕方は一緒です。

皮つきのなすも、皮を縦にむいたなすも、蒸す前にミョウバン塩水に浸けます。発色をよくしてくれる焼きミョウバンは、マーケットの漬物売り場などで売られている白い粉状のもの。ボウルにたっぷりの水を入れ、なめてしょっぱく感じる程度の塩と、水がうっすらと白く濁るぐらいのミョウバンを入れて混ぜます。ここになすを20分ほど浸けてアクを抜き、よく洗ってから蒸します。

湯気の上がった蒸し器（あるいは鍋＋ざる。詳しくは76ページを参照）になすを丸のまま入れ、やわらかく蒸して取り出します。蒸し上がったなすは、皮つきならば光るような茄子紺色に。皮をむいたなすは、ため息の出るような美しい薄緑の翡翠色です。なすは色も味のうちなのです。

蒸しなすはたれを多めに作り、たれになすが浸かっている状態で食べるのが好きです。にんにく、しょうが、長ねぎのみじん切りをたっぷり用意して、酢、しょうゆ、ごま油、それから辛いのが苦手でなければ豆板醤を混ぜて、たれを作ります。食べやすく包丁で切ったなすを器に盛り、たれをかければ完成です。

Q　なすは皮をむくと、もったいない気がします。

A　なすの皮はそれだけできんぴらにするとおいしいです。皮はむいたそばからミョウバン塩水に浸けてアクを抜き、よく洗ってから細切りにします。ごま油をひいた鍋に入れてじっくり炒め、色が冴えてきたら、赤唐辛子、酒、しょうゆを加えて汁気がほとんどなくなるまで煮ます。

焼きなすは
竹串で食べやすく裂く。
切り方も味のうち。
皮をむいて蒸したなすは、
きれいな翡翠色。
色も味のうち。

しな～っとしたいんげんは
水を吸わせることで、
香りと甘みと
歯ごたえが戻ります。

いんげんを主役級のおかずに

いんげんも夏が旬の野菜です。触ってみて、ピンとしっかりとしているものを選んでください。たまに、マーケットに数日置かれていたのか、しな～っとなっているものもあります。そういういんげんは、そのまま調理してもちっともおいしくないので、水で養生してあげます。

今のいんげんは筋がないので取らなくてもいいですが、なり口はかたいのでポキッと手で折ります。長さはそのままか、食べ方にもよりますが半分に手で折って、冷水に浸けます。浸ける時間はいんげんの状態によります。パリンパリンにかたくなるまで、たっぷりの冷水に浸けて元のみずみずしい状態に戻してあげると、いんげんの香りと甘みが戻ってきます。それから、調理に入ります。

塩を入れた熱湯でサッとゆでたり、蒸したりして、歯ごたえが残るように火を通します。いんげんに火を通したら、ざるに上げて自然に冷まします。色を美しく保ちたい場合は、氷水に一瞬浸けて熱をとってもよいです。ただし、水に浸けすぎるとうまみが半減するので、ごく短い時間で。

こうしてゆでたいんげんは、ほんの少し味をつけるだけでおいしい。煎りごま、かつお節、しょうゆ、塩などいつも台所にあるもので、ほかのおかずとのバランスをみてシンプルに味つけします。たとえば73ページのスナップえんどうのように、いんげんのごま塩あえ、いんげんのごまじょうゆあえなどにしてもいいですね。

いんげんのにんにくおかかあえもおすすめです。いんげんは長いままで、ゆでるか蒸すかして火を通します。鍋の底を覆うぐらいのごま油をひき、にんにくのみじん切り1かけ分を入れて、香りが立つまで弱火で炒めます。しょうゆ大さじ2杯ぐらいと、かつお節1パックを入れて炒め合わせ、火を止める。熱いうちにいんげんを鍋に入れて、混ぜ合わせれば完成です。にんにくおかかじょうゆであえたいんげんは、ボリュームのあるおかずの風格。白いご飯がすすみます。

いんげんのごま塩あえ
いんげんのごまじょうゆあえ
いんげんのにんにくおかかあえ

夏に必ず作るいんげんのトマト煮込み

いんげんは味と香りの強い野菜なので、煮込むのもおいしいです。私が夏に必ず作るのは、いんげんとトマトの煮込み。これを作るときは、熟してやわらかくなった出盛りのトマトが向きます。いんげん×トマトで夏野菜を満喫する一品です。

いんげんはたっぷりと2袋ぐらい使いましょう。両端を切り落としたら、長さはそのままで結構です。完熟トマト大3個は乱切りにします。にんにく2〜3かけを半分に切り、芯芽を取り除きます。辛いのがお好きなら赤唐辛子も少し使います。

これらを全部一緒に鍋に入れ、塩少々も加えて、ふたをして強火にかけます。煮立

いんげんのトマト煮込み

ってきたら弱火にして、20〜30分グツグツと煮ます。ふたをとり、汁気が少し飛んでとろりとするまで煮詰めます。味見をして塩でととのえたらできあがり。

これはイタリアの私が住む地方の郷土料理です。いんげんが本当においしい。ごはんやパンのおかずにもなりますが、アリオ・エ・オリオ・エ・ペペロンチーノのパスタ（149ページ）を添えて一緒に食べるのもおすすめです。

きゅうりは皮をむいてみる

忘れてはならない夏野菜、きゅうりについてもひと言。食べ方は今さら申し上げることもないですが、きゅうりもおいしいものを選ぶことが大事です。ところが、外からでは判別しにくいのです。買ってきたきゅうりの皮をピーラーでむいてみて、中からきれいなグリーン（翡翠色《ひすい》）が出てくれば、そのきゅうりはおいしいはず。白っぽいと、味が薄くて食感もいまひとつです。そうやってよいきゅうりを見つけたら、私はまた同じ場所で同じものを買うようにしています。

ちなみにきゅうりはピーラーで皮をむいていると、香りがふわっと立って、口当たりがなめらかになり、皮つきとはまた違う味わいになります。ザクザクと切って、塩だけつけて食べてもよし。皮なしのきゅうりを薄切りにして、ゆで鶏と一緒にごまだれで食べる、きゅうりとゆで鶏のごまだれサラダは、おもてなしにも向く一皿です。

秋はいも、きのこ。
空気が冷たくなるにつれて
ほうれん草、小松菜、春菊など
青菜がどんどんおいしくなります。

サッと作れる里いもの洋風おかず

中秋の名月にきぬかつぎ（里いもの小いも）をお供えするように、里いもは秋を象徴する野菜です。シンプルに薄味で煮てもいいし（前著『レシピを見ないで作れるようになりましょう。』51ページ）、洋風に食べてもおいしいもの。

里いもとベーコンの蒸し煮は、手軽に作れるおかずです。

里いもはタワシでこすって皮を洗い、乾かしてから皮をむきます。こうするとぬめりが出ません。皮をむいたらペーパータオルや、かたく絞ったさらしのふきんできれいに拭きます。そして1センチほどの厚さの輪切りやザク切りにします。

ふたつきの厚手鍋に、鍋底を覆うくらいのオリーブオイルをひき、里いもとベーコンのスライスを入れ、少しだけ塩をふります。お好みでつぶしたにんにくを入れてもいいです。ふたをして強めの中火にかけて、しばらく（15分ぐらい）放っておく。すると、里いもにほっくりと火が通っています。

蒸し煮にしている間に、私はいつも「今日はどんな味で食べようかな」と考えます。ほかのおかずとのバランスを考え、里いもが煮えた時点で塩、こしょうをふったり、しょうゆをまわしかけたりして、味つけをするのです。バルサミコをふって、イタリアンの前菜風にすればワインのおつまみになります。

青菜のおひたし

ほうれん草と海苔のおひたし

しょっぱくない青菜のおひたし

ほうれん草や小松菜といった青菜は、夏場は株が小さくて貧弱で、なんだか心細い姿です。それが空気が冷たく澄んでくるにつれて、どんどん株が大きくなり、立派に育ってきます。もちろんうまみも濃くなりますから、おひたし、ごまあえ、おろしあえ……と手を替えて、せっせと食べたくなります。

青菜を買ってきたら、すぐに包丁で根元に十字に切り込みを入れて、冷水に浸します。野菜に水分を吸わせて元気にする養生のためもありますが、こうしておくと根元の汚れが自然に水の中に落ちるわけです。

青菜はゆでても蒸してもいいですが、アクのあるほうれん草だけは、蒸すのではなく〝ゆでる〟です。熱湯に塩を入れて、ほうれん草を根元から入れます。色がサッと鮮やかになれば火が通っていますから、すぐに引き上げて冷水に浸けます。浸けすぎると栄養が出てしまうので、熱がとれたらすぐに引き上げて水気を絞ります。

こうしてゆでたほうれん草をおひたしで食べるとき、しょうゆを野菜に直接かけていませんか？　それだとしょうゆの味ばかりがして、肝心のほうれん草の香りやうまみが負けてしまいます。そこで、私は海苔やかつお節を使います。

ほうれん草と海苔のおひたしです。大きなボウルに焼き海苔をたくさん（3枚以

ほうれん草とかつお節の
おひたし

Q　ごまあえは使いかけのごまでもおいしくできますか？
A　一度袋の封を切ったごまは、煎ると風味がよくなります。鍋やフライパンでパチッとはじける寸前まで、から煎りして使いましょう。

青菜のごまあえ

上）食べやすくちぎって入れ、しょうゆを少したらして菜箸で混ぜます。しょうゆを海苔がすべて吸っていて、ボウルに液体がない状態にします。そこへゆでて食べやすく切ったほうれん草を、もう一度水気を絞ってから入れ、海苔とあえれば完成です。ほうれん草としょうゆ味の海苔が口の中で合わさると、ちょうどいいおいしさに。

ほうれん草とかつお節のおひたしも同じ考え方です。かつお節にほんの少しのしょうゆをポタリポタリと加え、加えるたびによく混ぜ、しょうゆで少し湿っているかつお節を作る。このかつお節で青菜をあえると、かつお節の香りが生きておいしいです。もちろん小松菜や春菊でも同じように作れます。

こうしたおひたしをわが家では小鉢ではなく、大鉢にたくさん作ります。それでも、いつもアッという間になくなってしまいます。ちなみに海苔あえは、次のような方法でも作れます。ゆでたり蒸したりした青菜を長いまま、もしくは切ってバットに入れ、しょうゆをかけて絞る。すると青菜にほどよい味が染みます。これを食べやすく切り、ちぎった焼き海苔と混ぜると、ちょうどいいおいしさになります。

青菜のごまあえは甘くしない

お店で売られている青菜のごまあえや、お弁当に入っているごまあえは、甘い味がついているものがほとんどです。でも、甘い味だとたくさんは食べられません。「毎日野菜をたっぷりと」が身上のわが家では、おひたしと同じく、ごまあえもたくさん作って小鉢ではなく大鉢に盛り、好きなだけ取り分けて食べるスタイル。ですから甘みを入れず、しょうゆとごまだけでさっぱりと仕上げます。

小松菜ときのこのごまあえを作りましょう。

小松菜は根元に十字に切り込みを入れて水に浸したものを、長いままか、長さを適当に切ります。しいたけは石づきを切り落とし、軸をつけたまま縦に4等分にします。これらを蒸気の上がった蒸し器に入れて、歯ごたえよく火を通します。蒸し器が小さかったり、鍋とざるなどを使って蒸すときは、小松菜としいたけを別々に蒸してももちろんいいです。ほどよく蒸し上がったら、網などに上げて風をあて、熱をとります。

あえ衣を作ります。ごまは白でも黒でもお好みでどうぞ。鍋で軽くから煎りしてから、すり鉢に入れて半ずりにします。ここにしょうゆをほんの少し入れて、ごまが〝湿っている〟感じにします。すり鉢の底にしょうゆが残っているのでは入れすぎです。ごまがしょうゆをすっかり吸って、湿っているけれど水気の出ていない状態にするのです。海苔で青菜のおひたしを作るのと同じ要領です。

食べやすく切って水気をギュッと絞った小松菜と、しいたけをすり鉢に入れて、よくあえます。これでできあがり。水気が出ないのでお弁当にも入れられるおかずです。

小松菜ときのこのごまあえ

Q　これからすり鉢を買う場合は、どんなものがいいですか？

A　食べる直前にすったごまは、香りのよさが市販のすりごまとまるで違います。中でたっぷりの野菜をあえることができるように、大きいすり鉢をおすすめします。大は小をかねます。

しょうゆを海苔に吸わせる。
しょうゆをごまに吸わせる。
おひたしやごまあえを
おいしく食べるコツ。

青菜のおひたしを
煮干しだしで作りましょう。
ギュッとかたく絞ると
青菜がおいしいだしを
たっぷり吸います。

青菜のだしびたし

旬の青菜＋煮干しだしのごちそう

だしをたっぷり含ませた、青菜のおひたしもおいしいものです。料亭の味だなんて言わないでください。煮干しだし（49ページ）があれば、料亭よりもおいしい、とびきりのおひたしができるのです。ほうれん草、小松菜、チンゲン菜など、旬のみずみずしい青菜で作る、青菜のだしびたしです。

バットに煮干しだし（温かくないもの）を入れて、しょうゆを少したらします。塩をひとつまみ入れて混ぜ、味見をします。この汁を飲むわけではないので、おひたしのだしは「ちょっとしょっぱいかな」というぐらいがいいです。

ゆでたほうれん草、ゆでたり蒸したりした小松菜をギュッと絞ります。ギューッとよく絞ることが大事です。ギューッと絞っても歯ごたえが残るぐらいに、ゆでたり蒸したりすることも大事です。

しっかりと絞って、余分な水気をとった青菜を食べやすく切り、もう一度かたく絞ってからバットに入れます。すると、青菜がよくだしを吸う。これが、おいしいだしびたしのポイントです。食べれば「おひたしって、こんなにおいしいものだったの？」と思うはず。これに、焼いたサンマや鮭、きのこのおつゆの献立は、まさに秋の到来を感じさせてくれます。

きのこは網で焼くと
うまみが増します。
サラダやあえものに入れたり、
焼いてマリネしておくのもおすすめ。

焼きしいたけのサラダ

焼ききのこをサラダの主役に

きのこも秋の味覚です。暑さも過ぎるといろいろな種類が出まわるきのこは、うまみが強く、使い方によっては料理の主役をはれる食材です。

きのこは水分が多く、傷みやすいので、買ってきたらパックの封を切っておいたり、袋から出してざるに移しておきます。冷蔵庫に入れるときも、パックの封を指で押して空気穴を開け、密封状態にしておかないこと。これだけでもだいぶもちが違います。

きのこの食べ方としては、わが家ではまず〝焼く〟です。網で焼くと、おなじみのしいたけも香りが立って、すごくおいしくなります。きのこを網焼きすると水気が抜けて味が濃厚になり、お肉に負けないぐらいのうまみのかたまりになる。シコシコとして、歯ごたえもすごくよくなります。これをあえものやおひたしに入れたり、サラダにしたり、いろいろに楽しむのです。

焼きしいたけのサラダの作り方です。

しいたけはかたい石づきだけを切り落とし、軸も使います。軸がまた、コリッとしておいしいのです。軸をつけたまま、手で縦に4等分ほどに裂きます。手で裂くと、包丁で切るよりも盛りつけたときに雰囲気が出るし、切り口がぎざぎざなのでドレッシングなどの味が染みやすく、おいしく感じられます。

焼き網を熱して、しいたけを並べ、中火程度の火加減で焼きます。焦げすぎないように向きを変えて、香ばしい焼き色がつくまで焼いてください。熱いうちにオリーブオイル少々をまわしかけて、ビネガーも少しふりかけておきます。

合わせる野菜はレタスやマスタードグリーンなど、生で食べられる葉物ならなんでも。ルッコラやクレソンなど、少し苦みのある野菜も入るとおいしいです。大きなボウルに生野菜を入れて、焼きしいたけも入れます。ビネガー、塩、オリーブオイルをふりかけ、こしょうをひいてさっくりとあえます。

焼きまいたけのマリネでワインを

焼いたしいたけは、とろろ芋と合わせて、わさびじょうゆで食べるのもおつなもの。それをご飯にのせてウニ卵（卵黄のしょうゆ漬け）を添えた、焼きしいたけの山かけ丼は、昔からわが家の人気メニューです。

まいたけも焼くとおいしいです。網焼きしてオリーブオイルをまわしかけ、塩をパラパラとふって、ちょっとマリネしておきます。焼きまいたけのマリネはそのままでワインのおつまみに。パンにのせて食べるのもいいですね。まいたけは時間がたつとバラバラにほぐれてきますので、買ってきたら新鮮なうちに焼いてマリネしておくことをおすすめします。

Q　きのこで常備菜を作りたいのですが。

A　焼ききのこのマリネがおすすめです。しいたけ、しめじ、まいたけを網で焼き、にんにく、赤唐辛子、オリーブオイル、塩、こしょう、イタリアンパセリ（粗みじん）を混ぜたマリネ液に浸けます。オイルを保存びんの口まで注いでおけば、1か月近く保存できます。

焼きまいたけのマリネ

焼きしいたけの山かけ丼

Q　ウニ卵の作り方を教えてください。

A　小さな容器に卵黄を1個入れ、しょうゆ小さじ2をかけ、ラップでふたをして冷蔵庫に一晩おきます。卵黄がかたまり、ウニのような濃厚な味に変身します。

揚げれんこんのにんにくじょうゆあえ

秋冬のれんこんは〝たたき割る〟

初夏の水っぽい新れんこんに比べて、秋冬のれんこんは身がしっかり締まり、ほっくりしているのが特徴。焼いたり揚げたりすると、そのうまみが活きます。

身が締まったおいしいれんこんほど、包丁で切りにくいもの。まっすぐに切るにはそれなりの包丁が必要です。なので最初から、麺棒などでたたき割る。皮つきのままガンガンとひと口大にたたき割って素揚げにすると、すごくおいしいです。揚げれんこんのにんにくじょうゆあえをぜひ作ってください。

大きなボウルにしょうゆ、にんにくのみじん切りを混ぜ合わせます。にんにくでなくてもいいのです。黒こしょう、七味、粉山椒などのスパイスでも。しょうゆも、にんにくやスパイスも「れんこんにからめたらおいしいな」と思う量です。

れんこんをたたき割り、中温以上の高温に熱した油に入れます。れんこんのまわりが少し茶色になって、こんがりとおいしそうに揚がったら、油をざっときってボウルにジャッと浸けます。れんこんについた油も調味料のうちです。

ごはんのおかずにもなるけれど、ビールのおつまみにもぴったり。れんこんが少し残ったときに作るのもいいですが、あまりに売れ行きがいいので「もっと作ればよかった」といつも思います。

れんこん、ごぼう。
冬の根菜は、たたき割って素揚げに。
見た目も味もパワフルでおいしい。

揚げごぼうのサラダ

ごぼうで作る冬のサラダ

れんこんと同じように、ごぼうもたたき割ってみましょう。麺棒などでパンパンとたたき、手でバリバリッと食べやすく割ります。それを高温の油でカリッと素揚げして、れんこんと同じようににんにくじょうゆあえにするのもよし。

あるいは味つけは、しゅうゆでなくてもいいのです。オリーブオイル＋塩＋ビネガーで素揚げしたごぼうをあえて、揚げごぼうのサラダにしてもおいしい。ビネガーは控えめに入れたほうがよく、酢の代わりにバルサミコを少したらしてもいいです。

こんなふうに、れんこんやごぼうをたたき割ると、包丁を出さなくてすむというこ ともあるけれど、切るのとはまた違うおいしさがあるのです。見た目もダイナミックですが、食べてもパワフルな感じがします。冬の野菜から元気をもらえます。

かぶは塩もみして食べましょう

かぶは一年中ある野菜ですが、秋から冬にかけては甘みがいっそう増し、みずみずしくなってきます。かぶはあまり大きいと、中がガシガシしていたり、すが入っていることも。ですから中ぐらいまでの大きさで、皮が薄くてやわらかいものを選びます。私はかぶは必ず葉つきのものを求め、葉っぱもすべて使います。

かぶの塩もみ

小松菜の塩もみ

Q　かぶの葉をゆでるのがめんどうで……。

A　かぶの葉は熱湯でサッとゆでるだけで、とてもおいしいです。色もきれいで、栄養もたっぷり。みそ汁にパッと入れてもいいですし、とても便利です。ぜひ葉っぱまで食べきって。

かぶの塩もみは、かぶがしっとりとなめらかな舌触りになって、「塩でもんだだけで、どうしてこんなにおいしくなるの?」と思うほど。

かぶは葉を切り落として、葉と実に分けます。実は皮つきのまま食べやすくくし形に切り、塩をふって手で軽くもみ、しんなりとして水気が出てくるまでおきます。葉はサッとゆでて水気を絞り、3センチ長さに切ります。かぶの実の水気を絞って葉と合わせ、レモンをキュッと搾ってあえます。レモンではなく、冬場はゆずでもいいですね。柑橘類の皮もせん切りにして散らせば、香りも楽しめる一品のできあがり。

70ページでもご紹介しましたが、野菜の塩もみは覚えておくと本当に便利です。かぶに限らず、大根、にんじん、キャベツ、セロリ……食べやすく切って塩をふり、しんなりしたら水気を絞る。これだけで和のサラダができる。小松菜の塩もみも私はよく作ります。小松菜を生のまま細かくきざんでボウルに入れ、塩をふって手でよくもみ、しんなりしたらギュッと水気を絞る。ご飯に混ぜて菜飯にしてもいいし、のり巻きの芯にしたり、納豆とあえて食べてもおいしい。

野菜の塩もみはそのときに食べるためのもので、保存食ではありません。塩もみした野菜を数日もたせたいときは、ファスナー付きの保存袋に入れて平らにして冷蔵庫に入れ、上にバットでもお皿でもいいので重しをのせておきます。そうしてしばらくおくとさらに塩がなれて「漬物」になる。塩もみとはまた別のおいしさです。

かぶは塩もみするだけで
なめらかな舌触りのごちそうになる。
野菜の塩もみに重しをすれば、
漬物になってくれます。

ゆでて、梅干しであえるだけ。
蒸して、マヨネーズをつけるだけ。
野菜のおかずは凝らないほうがおいしい。

キャベツ

じゃがいものしゃっきり炒め

73ページ

蒸しアスパラガス

76ページ

新玉ねぎと新わかめとトマトのサラダ

77ページ

トマトの輪切りサラダ

79ページ

焼きなす

80ページ

蒸しなす

82ページ

里いもとベーコンの蒸し煮

89ページ

小松菜ときのこのごまあえ

92ページ

青菜のだしびたし

95ページ

焼きしいたけのサラダ

97ページ

揚げれんこんのにんにくじょうゆあえ

99ページ

かぶの塩もみ

102ページ

蒸しカリフラワーのグリーンマヨネーズ

132ページ

酢白菜

133ページ

白菜とりんごのサラダ

135ページ

野菜スープ

138ページ

ブロッコリーのパスタ

143ページ

新キャベツのパスタ

149ページ

トマトを楽しみ尽くすパスタ

155ページ

トマトソースとなすのパスタ

156ページ

夏野菜ソースのパスタ

158ページ

きのこのクリームパスタ

161ページ

サラダパスタ
163ページ

ミートソース

164ページ

Q　フライパンでも蒸せますか？

A　脚つきの網のようなものがあれば、フライパンでも蒸し物ができます。フライパンの底に水をはり、その上に脚つきの網を敷いて、野菜をのせます。そしてふたをして蒸せばいいのです。

蒸しにんじんのごま塩あえ

Q　蒸したじゃがいもが熱すぎてむけません。

A　アツアツでなくても、少しおいてから皮をむいてもいいですよ。熱いうちに皮をむきたいときは、ふきんやペーパータオルにのせて、ペティナイフでむくといいです。

〝蒸す〟をこんなにすすめる理由

かぶは蒸して食べるのもおすすめです。お湯でゆでると、やわらかくなりすぎ、おいしくなくなってしまいがち。タイミングが難しい。その点、蒸すのはラクです。火にかけていることをちょっと忘れても、少しぐらいの蒸しすぎはそれなりにおいしいのです。

かぶだけでなく、冬が旬のブロッコリー、カリフラワー、白菜も蒸したほうが圧倒的においしいです。にんじん、じゃがいもも蒸すのがおすすめです。春が旬の菜の花やスナップえんどう、夏のとうもろこしも蒸すほうがおいしい。「ゆでる」と思い込んでいる野菜を蒸してみると、野菜の味が濃く感じられて、うれしくなってしまいます。野菜を簡単においしく食べたいならば、ぜひ〝蒸す〟ことをしてみてください。

蒸した野菜は、塩をつけてシンプルに食べるだけでも満足できます。おいしいオリーブオイルと塩で食べてもいいし、私はごま塩であえるのも好きです。蒸しにんじんのごま塩あえをぜひ試してください。甘くておいしい！

蒸したブロッコリーやカリフラワーは、なんといっても自家製マヨネーズで食べるのが最高です。ミキサーやバーミックスをお持ちでしたら、家でマヨネーズを作りましょう。市販のマヨネーズとはまるで別物。一度食べると「これでなくては！」と思うはず。マヨネーズを作りたくて、ミキサーを購入した人もいるくらいです。

カリフラワーやブロッコリーは
〝蒸す〟に限ります。
いちばんおいしい食べ方です。

自家製マヨネーズ

Q　マヨネーズを作るには、どんなミキサーがおすすめですか？

A　ワット数の大きい、つまりハイパワーのミキサーで作れば、なめらかな仕上がりです。そうでないミキサーで作ると、グリーンマヨネーズなどはハーブのかけらが残ります。でも、それはそれでおいしいです。

蒸しカリフラワーのグリーンマヨネーズ

蒸し野菜＋自家製マヨネーズの幸福

自家製マヨネーズの作り方をご紹介しましょう。卵1個、ワインビネガー大さじ1（酸っぱいのが好きならばもっと入れても）、塩小さじ2/3〜1をミキサーに入れて攪拌しながら、オリーブオイル1カップを細くたらしながら加えて混ぜます。ミキサーがまわらなくなるまで混ぜれば完成です。油を入れるほどに、重たいマヨネーズになります。かたさはお好みで。

マヨネーズを作るときに、軸を切り落としたイタリアンパセリを、調味料と一緒に攪拌すれば、薄緑の色が可愛らしいグリーンマヨネーズになります。

さて、野菜を蒸しましょう。ブロッコリーもカリフラワーも、茎に切り込みを入れて食べやすい大きさに分けます。あまり小さくしすぎずに大きめのかたまりで蒸して、食べるときにナイフで切ったほうが、ほっくりとしておいしいです。

湯気の上がった蒸し器などに入れて、茎に竹串がスッと通るまで蒸します。カリフラワーを器に盛ってグリーンマヨネーズを添えれば、白と緑のコントラストもきれいな蒸しカリフラワーのグリーンマヨネーズのできあがり。「カリフラワーはこの食べ方がいちばん」という私の意見に賛同者がたくさんいます。

Q　酢はどんなものでもよいですか？
A　あまりきつくない、上質な米酢（千鳥酢など）を使ってください。

酢白菜をぜひ味わってください

意外に思われるかもしれませんが、白菜も蒸すとひと味違うのです。冬に霜が当たってからの白菜はみずみずしく、甘みが増して、本当においしくなる。蒸すと、その甘さがいっそう際立つ感じです。白菜をお鍋でしか食べないなんて、もったいないです。

酢白菜は、わが家の定番中の定番料理です。蒸し器で普通に蒸してもいいですが、これは普通の鍋でも大丈夫。

大きな鍋に少しだけ水を、下のほうに4〜5ミリ入れます。そして白菜を¼株食べるとしたら、¼株を切らずに大きいまま入れます。ふたをして強めの中火にかけ、蒸し煮にします。10〜15分で火が通ると思います。かたいところに竹串を刺してみて、スッと通ればOKです。

蒸し上がったアツアツの白菜をバットに移し、酢をジャッとかけます。酢は適量。白菜の表面全体にサーッとかけてください。酸っぱくならない？　いいえ、白菜から出た水分で調和されて、酢がまろやかになるんです。この料理の魅力はそこ。まろやかな酢で味つけされた白菜は、甘みが強く感じられて、とってもおいしい。

幅4センチぐらいに切って、器に盛ります。しょうゆと練りがらし、あるいはしょうゆとラー油で召し上がれ。いくらでも食べられる味です。

冬には冬の野菜がベスト。
白菜はサラダで食べてもおいしいです。
甘みがあって、さっぱりとして。

白菜とごまのサラダ

白菜とりんごのサラダ

生で食べる白菜サラダの楽しみ

甘みのある冬の白菜は、生でサラダで食べてもおいしいです。こう言うと、「えっ、白菜を生で⁉」と驚く方もいるかもしれません。そういう方にこそ、食べていただきたいです。

白菜は芯のほうに近い、やわらかな葉の部分を使います。冷水にしばらく浸けておくと、やわらかい上にシャキシャキのすばらしい歯ごたえになります。こうして養生した白菜を、私はいろいろなサラダで楽しみます。

まず、白菜とごまのサラダ。水気をきった白菜を手で食べやすくちぎり、器に盛ります。大きな鉢にたっぷり、ふんわりと盛るのがいいです。金ごまか白ごまを、鍋でから煎りして、すり鉢で半ずりにします。こうするとよい香りになります。

ごま、にんにくのみじん切り、酢、しょうゆ、ごま油。以上がドレッシングの材料です。よく混ぜて、白菜にたらり、たらりとかければできあがり。ごまの量に対して、半量の酢としょうゆが目安です。ごまとしょうゆですから、ご飯にとても合うサラダです。

白菜とりんごのサラダもさっぱりとして冬によく作ります。このサラダは歯ごたえのよさが大事なので、白菜の茎だけを使います。茎を人差し指ぐらいの長さの棒状に切ります。マッチ棒より少し太いくらい、シャッキリとした歯ごたえが残る細さがいいです。りんごは皮つきのまま、5ミリ厚さのいちょう切りにして、たっぷりのレモン汁（りんご1個に対して、レモン1個分）をかけてマリネしておきます。

食べる直前にドレッシングを作ります。イタリアンパセリ（パセリでも）のみじん切りを2〜3本分、にんにくのすりおろしをほんの少々、しょうゆ、塩、黒こしょう（粗びき）各少々、オリーブオイルは全体になじむくらい。以上を混ぜるのですが、時間がたつとパセリの緑が黄色っぽく変色するので、食べる直前がいいわけです。

ボウルに白菜、りんごをレモン汁ごと入れて、ドレッシングであえます。このサラダは、カリッと揚がった肉の揚げ物や、パリッと焼けた鶏の塩焼きなどと相性抜群。ちなみに、サラダを作って残った白菜の葉っぱのほうは、できるだけ細かく切って、みそ汁にふわっと浮かべて召し上がるといいですよ。

白菜と豚肉のサラダ

白菜と豚肉のサラダは、これだけでおかずになるサラダ。やわらかい白菜を手で食べやすくちぎって、大皿などに盛っておきます。豚肉のドレッシングを作ります。豚バラ肉の薄切り手のひら一杯分を細く切ります。フライパンに油とにんにくのみじん切りを入れて弱火にかけ、にんにくの香りが立ったら豚肉を入れます。豚肉がカリカリになったところへ、豆板醤少々（お好きならたっぷりでも）、酢としょうゆを同量加えて肉に味をからめます。これを白菜にジャッとのせるのです。

Q　豚肉のドレッシングの調味料の割合は？
A　豚肉100グラムぐらいに対して、しょうゆ大さじ1が目安と覚えておくといいです。酢は酸っぱいのがお好きなら、しょうゆと同量でもいいですし、お好みで加えてください。

野菜のスープストック

酸味と辛みの効いた強めの味で、白菜がいくらでも食べられ、ご飯もすすみます。

野菜の切れ端でとるスープストック

野菜料理として最後にひとつ、どうしても知っておいていただきたいのが野菜スープです。キャベツの外葉、セロリの葉や細いところ、にんじんのヘタや皮、玉ねぎのヘタや皮……。そうした野菜の捨ててしまうようなところを、水からコトコト煮ることで、野菜のスープストックがとれるのです。

入れる野菜に決まりはありませんが、根のもの、葉のもの、香りのものがミックスされていると味に深みが出ます。根のもの＝玉ねぎ、にんじんなど。葉のもの＝キャベツなど。香りのもの＝セロリ、パセリなど。これらを組み合わせるのがおすすめで、野菜をとにかくたっぷり使うのがコツです。甘みの出る玉ねぎは、ヘタや皮はもちろん、実もザク切りにして最低でも1個は入れたいところです。

寸胴鍋のような大きな鍋に野菜をすべて入れて、かぶるぐらいの水を注ぎ、中ぐらいの火にかけます。沸いてきたら火を弱めて、30分も煮ればスープストックのできあがり。グラグラ煮立てずに静かな火で煮ることで、まろやかなおいしい味になります。

こして、熱がとれたら、私は保存容器に入れて冷凍しています。野菜のスープストックがあれば、カレーやシチューなどの煮込み料理や、パエリアを煮るときのスープなど、いろいろに使えて便利です。

私は何種類もの料理を作るとき、大きな鍋を出して、野菜を切るそばからヘタや皮をポンポンと鍋に入れていき、調理のかたわらでスープストックをとることがあります。野菜の切れ端をゴミ箱に入れるよりも、鍋に入れてスープをとったほうが気持ちがよく、実際、野菜にはくずの部分はないのです。

ダブル野菜スープの楽しみ

このスープストックに、具としても野菜をたっぷり入れて作る野菜スープは、とてもやさしい味。しみじみおいしいです。野菜on野菜のヘルシー料理でもあります。

白菜、大根、キャベツ、いんげん、じゃがいも、にんじん……具として入れる野菜はなんでもいいです。ちょこちょこ残った野菜を混ぜても。いちばんのポイントは同じ形、同じ大きさに切ること。平べったく切ったら、すべてを平べったく。コロコロに切ったら、全部をコロコロに。そうすると食べやすく、見た目もきれいです。

野菜をスープに入れて火が通ったら、塩、こしょうのみで味つけします。パセリのみじん切りを浮かべたり、オリーブオイルをたらしたり、好みで召し上がってください。もちろん、ベーコンやゆでた豆などを加えてボリュームを出してもいいです。

野菜くずを水で煮てとる
野菜スープ。
これがあれば
固形スープに頼らなくてすみます。
体によい、
やさしい味のスープです。

野菜を食べるパスタ

まずは
ブロッコリーのパスタを作りましょう。
野菜1種類だけの具でも、
毎日作ってしまうほどおいしい。

野菜のソースには肉厚パスタを選ぶ

店先で新鮮な野菜を見ると、「パスタで食べたらおいしそう」と私はしばしば思います。パスタは私にとって、ご飯とおみそ汁の献立と並ぶ、ふだんのあたりまえの料理。良質なオリーブオイルがあれば、野菜1種類だけでも、しみじみとおいしいパスタがすぐにできます。野菜がたっぷり食べられる家のパスタは、お店で食べるものとは比べようのない、体が喜ぶおいしさです。

最初にブロッコリーのパスタを作っていただきたいです。何しろおいしいのです。はまると毎日作ってしまうほど。お教えしたみなさんがそう言います。

ブロッコリーの大きい株1個で、だいたい3人分ぐらいのソースができます。ほかには、〝味出し〟のものが何かあればいいです。海系のアンチョビ、山系のパンチェッタ（イタリア食材。豚バラ肉の塩漬け）かベーコンを。これらは材料というよりも、塩気やうまみを出す〝味出し〟の調味料として使います。

どんなパスタを選ぶかですが、野菜のソースのときは、ゆで上がるのに10分程度かかるパスタにします。ゆでるのに時間がかかるということは、つまり少し厚みのあるパスタですね。太め（2ミリくらいか、それ以上）のスパゲッティや、肉厚なペンネやフジッリなどのショートパスタが、野菜のソースにはよく合います。

パスタのおいしいゆで方

パスタのゆで方です。スパゲッティのようなロングパスタも、ペンネやフジッリのようなショートパスタも、ゆで方は同じです。

お湯をたっぷり沸かします。1リットルのお湯に対して、パスタ100グラムしかゆでられないと思ってください。だから、パスタを200グラム程度ゆでたいときは、2リットル以上のお湯が必要です。

お湯が沸騰したら塩を入れます。野菜のソースなど、ソースがあまり塩辛くないときは、1リットルのお湯に対して塩は大さじ⅔ほど。けっこう入ります。塩はいちいち量らなくてもいいです。ゆで湯をなめてみて、しょっぱいと感じるぐらい。そういう塩のお湯の中で、パスタはゆでるのです。

パスタのほうに塩分をつけて、ソースにはほとんど塩気をつけない。そのほうが絶対においしいです。ソースの塩加減は案外難しくて、しょっぱすぎたり、薄かったりすることがよくあります。その点、パスタのほうに塩分がついていれば、ソースにはほとんど塩を入れなくてもおいしく食べられる。野菜の自然の甘みを存分に味わえる。私もこのことはイタリア暮らしの中で学びました。

塩を入れて沸騰した湯にパスタを入れます。パスタを入れたらすぐにかき混ぜます。

Q　パスタをゆでる塩はなんでもいいですか?

A　イタリアでは粗塩(サーレ・グロッソ)を使いますが、なんでもよいです。

塩辛い湯でパスタをゆでる。
塩気のついたパスタを、
塩気なしか塩控えめのソースで食べる。
そのほうが野菜のうまみが活きます。

すぐにかき混ぜないと、パスタがくっついてしまうので、お忘れなく。

あとはお好みのゆで加減にゆでればOKです。しっかりゆでたパスタがお好きなら、袋の表示時間のとおりでかまいません。芯の少し残るアルデンテが私は好きですので、袋の表示時間よりも2～3分短めで引き上げます。「どうかな？」と食べてみて、かたさを確かめることが大事です。

ゆで時間はどんなソースで食べるかによっても違ってきます。パスタにソースを軽くからめるのではなく、場合によってはソースの中にパスタを入れて、煮るぐらいの気持ちでしっかりとからめる。ブロッコリーのパスタもそうです。だからペンネの箱にゆで時間14分と書いてあれば、私は11分か12分ぐらいでお湯から引き上げます。まだかたさのだいぶ残るパスタをソースの鍋に入れ、煮るようにソースをからめるうちに、パスタも歯ごたえのよいアルデンテになります。

美味なるブロッコリーのソース

野菜のパスタは、パスタをゆでている時間で完結します。ブロッコリーのパスタもそのひとつ。ブロッコリーは小房に分け、茎のほうも皮を少しむいて使います。

パスタ用のゆで鍋に、パスタとブロッコリーを入れてゆでます。ゆでながらソースを作ります。深めのフライパンか、口が広い浅鍋に、鍋底を覆うぐらいのオリーブオ

Q　パスタをゆでるときはずっと強火ですか？
A　ぐらぐらと沸いていればよいのです。ふきこぼれないように、パスタを入れたら少し火を弱めてもかまいません。沸き方が足りないと感じたらまた火を強めます。

イル（大さじ3杯程度）と、にんにくのみじん切り1かけ分を入れて弱火にかけます。必ず弱火です。にんにくを鍋全体に広げて、弱火でゆっくり火を通し、にんにくの風味をじわじわとオイルにうつす——これがおいしさのポイントなのです。

にんにくが色づいてきたら、アンチョビ6本ぐらいを入れて木べらで混ぜ、オイルになじませます。アンチョビではなく、ベーコンやパンチェッタを使うときは3〜4枚を細切りにして、にんにくのオイルでカリカリに炒めます。ここでブロッコリーがゆだるのを待ちます。

ブロッコリーがゆだったら、網じゃくしなどですくって、すべてソースの鍋に移す。そしてへらでガンガンとつぶしてしまう。なんとなくつぶれた部分がある、つぶれていないところもある、そんな感じ。ブロッコリーのゆで方が足りないと、つぶれてくれません。ある程度やわらかく、でも少し歯ごたえがあるようにゆでるのがコツ。

ブロッコリーがつぶれてオイルのソースとなじんだ頃に、パスタがゆで上がります。パスタは「もう一息」というぐらいのゆで加減。網じゃくしなどですくって、ソースの鍋に入れます。パスタを全部入れたら、鍋を火にかけたままパスタとソースをよくあえます。あえ終わったときに、パスタがアルデンテになっているのが私には理想的です。だからパスタをお湯から引き上げるのは「ちょっと手前」の、まだほんの少し芯にかたさがあるぐらいがいいわけです。

Q　にんにくが焦げてしまいます。

A　フライパンにオイルとにんにくを入れてから火をつけます。必ず弱火でじわじわと熱してください。

Q　ブロッコリーのソースに塩は入れなくてもよいのですか?

A　アンチョビの塩気で充分だと思います。野菜のソースは塩気がないほうが、野菜のうまみが感じられておいしいです。

たっぷりのオリーブオイルの中に、
にんにくのみじん切りを入れて
弱火で炒める。にんにくの香りを
オイルに充分に移して
赤唐辛子を加える。
これが基本のオイルソース。

基本のオイルソースを使いこなしましょう

ブロッコリーのパスタを作ってみましたか？　このパスタはずいぶん昔に、イタリア南部のプーリア州出身の友人に教えてもらいました。ブロッコリーをゆでたり蒸したりして食べるのと、こうしてパスタのソースにするのとでは、まったく違うおいしさになります。不思議です。だから私は野菜をパスタで食べるのが好きなのです。

こうしたシンプルな野菜のパスタは、好みの味つけで食べてよし。辛いのがお好きならば、種を取って小口切りにした赤唐辛子をソースに加えても。コクやまろやかさや塩分が欲しければ、ソースとパスタをあえる鍋にパルミジャーノ（パルメザンチーズ）をたっぷりすりおろして、しっかり混ぜて。これもたまらないおいしさ。

ブロッコリーのパスタのソースは、にんにくとオリーブオイルがベースです。じつはこれは、パスタの基本中の基本のソースなのです。赤唐辛子を入れることも多く、イタリア語で「アリオ・エ・オリオ・エ・ペペロンチーノ」と呼ばれます。アリオ＝にんにく、オリオ＝オイル、ペペロンチーノ＝赤唐辛子。材料名を結ぶ〝エ〟は〝and〟です。つまり「にんにくと赤唐辛子のオイルソース」という意味。

このソースは、どんな野菜でもおいしくしてくれるソースです。

新キャベツのパスタも、にんにくと赤唐辛子のオイルソースで作ります。

キャベツは食べやすくザク切りにして、冷水に浸けてパリッとさせます。量は食べたいだけどうぞ。2人分で最低でも6枚は使いたいところです（以下、材料の分量は2人分の目安です）。

にんにく1かけは皮をむいて芯芽を取り除き、みじん切りにします。赤唐辛子1～2本は種を抜き、小口切りやみじん切りにします。

パスタはロングパスタでもショートパスタでもお好きなもので。ソースをサッとからめて食べるキャベツのパスタの場合は、1.6ミリの一般的なスパゲッティでもおいしいです。ゆでる湯をたっぷり沸かし、塩を入れてパスタをゆで始めます。

その間にソースを作ります。ブロッコリーのソースと基本は同じ。フライパンか鍋に流れるくらいのオリーブオイルと、にんにくのみじん切りを入れて弱火にかけます。にんにくが色づいてきたら、アンチョビ6本を入れて木べらで混ぜ、オイルに溶かし混ぜるようにします。

このへんで赤唐辛子を加えて、アンチョビがオイルとなじんだら、軽く水気をきったキャベツを入れます。キャベツについた水分が少し入っても大丈夫です。なお、キャベツをたくさん食べたいときは、パスタがゆで上がる少し前の鍋にキャベツも入れ、一緒にさっとゆでてから加えます。

ちょうどパスタがゆで上がる頃合いです。鍋から直接、パスタをトングでつかみ取

Q　にんにくの芯芽を取るのはなぜですか？

A　芯芽の部分に強いにおいがあります。ちなみに、にんにくは芯のほうまでしっかりと火を通せば、食べたときににおいません。

Q　にんにくのみじん切りを簡単にする方法はありますか？

A　端をくっつけた状態で薄切りにして、それから縦横に切るとバラバラにならず切りやすいです。

ってソースの鍋に入れます。パスタはざるにあけてパンパンパンと水気をしっかりきらなくていい。むしろパスタについた塩気のある湯がソースに加わることで、オイルと混ざりあって乳化が起こり、おいしいソースになる。それに水気があったほうが、ソースがパスタにからみやすいです。

鍋の中でパスタをぐるぐるとまわすようにして、ソースとよくからめればできあがり。甘みのある新キャベツが、オイルのソースやアンチョビのうまみと合わさると、いっそう甘く感じられて本当においしいです。

ほろ苦い菜の花のパスタもおすすめ！

基本のオイルソースであるアリオ・エ・オリオ・エ・ペペロンチーノは、ほかにも、たとえば春ならば、菜の花のパスタもいいですね。

菜の花の場合は、味出しの材料として、アンチョビよりもパンチェッタやベーコンを使うほうが合います。細切りにして、にんにくを炒めたオイルの中に入れてカリカリに炒め、うまみが出たら、ここに菜の花を入れて炒めます。

あるいは菜の花はパスタと一緒にゆでてから、にんにくと赤唐辛子のオイルソースに入れてもいいです。いずれにしても、菜の花は切らずに長いまま入れるのが私は好き。芯のかたいところだけ削って。長いまま食べると、また違う味わいです。

夏、トマトが真っ赤になったら、
トマトパスタを作りましょう。

ミニトマトのソースのパスタ

Q　にんにくをみじん切りにする場合と、つぶす場合の違いはなんですか？

A　みじん切りにしたほうが、にんにくの香りが強くつきます。そして、にんにくじたいも食べることになる。つぶす場合は、にんにくの香りをうっすらとつけたいとき。途中でにんにくを取り出せば、香りだけをつけることができます。

ミニトマトで作るフレッシュなソース

夏の野菜といえば、真っ赤なトマト。イタリアのトマトは肉厚で味が濃く、ジェル状の種が少ない品種。煮込んでパスタなどのソースを作るのに向いています。一方、日本の大きなトマトは水分と種が多く、ソース作りには残念ながら不向き。

ところがミニトマトとなれば、立場は逆転します。日本のミニトマトは味が濃く、イタリアのミニトマトに比べて皮がやわらかいので、トマトソースを作るのにうってつけなのです。ただし、あまり糖度の高くないミニトマトを使ってください。

生のミニトマトで作るフレッシュなトマトソースをご紹介しましょう。

ミニトマト30個以上はヘタを取って、半分に切ります。フライパンか底の広い鍋に、鍋底を覆うぐらいのオリーブオイル（大さじ3ぐらい）をひきます。にんにく3かけを包丁の腹でたたいてつぶし、オイルに入れて弱火にかけます。木べらで混ぜながら、にんにくをじっくり炒めて、にんにくの香りをオイルに移します。

にんにくが少し色づいたら、トマトを切り口を下にして並べます。半分に切って、切り口を下にしたトマトが並んでいる様子は見た目にも愛らしいです。中火ぐらいの火加減にして、オイルでじわじわとトマトを熱すると、あっという間にソースができます。そこへ、ゆでたてのパスタを入れて、ガーッとかき混ぜる。塩はお好みで。あるいはパルミジャーノをふる。これだけで、フレッシュなトマトのうまみいっぱいのミニトマトのソースのパスタのできあがり。おいしいです。

トマトソースは煮詰めるだけでOK

イタリア式のなめらかなトマトソースは、トマトの水煮缶か、パッサータ（市販品）で作ります。トマトの水煮缶で作る場合は、大きなまま煮てもなかなかソースにならないので、トマトをハンディミキサーなどでドロドロにしてから使います。パッサータはトマトの水煮を裏ごししたものです。瓶入りや紙パック入りがマーケットでも売られていて、そのまま使えて便利です。

トマト缶かパッサータを、底の広い鍋に入れて弱火にかけます。何も入れなくてもいいし、好みでつぶしたにんにくやバジル2〜3枚を入れてもいいです。ときどき木べらで混ぜながら、弱火で煮ます。水分が蒸発して、次第にトマトが煮詰まってきます。鍋の真ん中を木べらでスーッとかくと、鍋底に道ができる。そのぐらいの煮詰まり方になれば、トマトソースの完成です。400ミリリットル入りの水煮缶2つなら、煮詰め時間は20分といったところでしょうか。

時間のあるときに作って、1回分ずつ容器に入れて冷凍しておくと、食べたいときにいつでもトマトソースのパスタが食べられて便利です。

Q　ミニトマトのソースはどのくらい煮詰めますか？

A　お好みです。生っぽいほうがよければ、トマトが煮崩れてしまう前に火を止めます。濃厚なほうがよければ、完全に煮崩れるまで火にかけてもいいです。

Q　ミニトマトのトマトソースも冷凍できますか？

A　もちろんです。多めに作ったときは、1回分ずつ、ふたのしっかり閉まる容器に入れて冷凍します。

トマトソースのパスタ

トマトを楽しみ尽くすパスタ

トマトソースの上にトマトをのせて

自家製のトマトソースは味をつけないほうが、いろいろに使えて重宝します。ソースを温めるときに、少々の塩や赤唐辛子などを好みで加えて味つけしてください。ゆでたてのパスタにトマトソースをからめて、パルミジャーノをたっぷりすりおろした、シンプルなトマトソースのパスタは飽きのこない味です。

さらにトマトを増やしたパスタが、〝ポモドーロ・スー・ポモドーロ〟。〝ポモドーロ〟はイタリア語のトマト。〝スー〟は〝上〟の意味です。トマトソースをからめたパスタの上に、フレッシュなトマトをたっぷりのせた、トマトを楽しみ尽くすパスタです。

旬の完熟トマトをたくさん用意します。1種類でもいいし、大小を取り混ぜても。皮つきのままひと口大にザクザクと切って、塩をふり、オリーブオイルをまわしかけて軽くあえます。辛いのがお好きなら、細かく切った赤唐辛子を加えてもOK。

スパゲッティをゆでてボウルに入れ、パルミジャーノをたっぷりすりおろして、パスタとからめます。ここにトマトソースを加えてあえ、器に盛ってバジルの葉を敷き、上にフレッシュなトマトをこんもりとのせます。塩気が足りないようなら、粒の感触がわかる粗塩を上からふってもよし。おいしいオリーブオイルをさらにタラリとたらしてもよし。生のトマトとトマトソースのパスタを混ぜながら召し上がれ。

トマトソース＋揚げなすのベストマッチ

水煮のトマトソースや、ミニトマトのフレッシュなトマトソースを作ったら、ぜひ食べていただきたいのが、トマトソースと揚げなすのパスタです。トマトソースと揚げなすは、黄金の組み合わせなのです。

揚げなすは、高温の油で素揚げします。揚げるときは、なすはアク抜き不要。私は洗うこともしないです。1本ずつ揚げるので、油は少量でOKです。

油を熱しておいて、なすのヘタを落として6～7ミリ厚さの輪切りにし、すぐに油の中に入れます。なすがきれいな色になり、切り口がこんがりと色づいたら網じゃくしで返して、すぐに引き上げます。1本揚げるのに15秒あれば充分（揚げなすについて詳しくは、前著『レシピを見ないで作れるようになりましょう。』59ページ）。

トマトソースを鍋で温めて、塩少々で味つけします。なすには辛みが合いますので、赤唐辛子のみじん切りも少し加えるといいです。ゆで上がったスパゲッティをトマトソースの鍋に入れ、揚げたなすも入れて、パルミジャーノを加えて全体をよくあえます。パルミジャーノは上からふりかけるだけでなく、ソースやパスタとしっかりあえたほうがコクが出ます。ここは、お好みで。

器に盛ってからも、パルミジャーノをたっぷりすりおろして食べるのがおすすめです。

トマトソースと揚げなすのパスタ

Q 「パルミジャーノ」とは粉チーズのことですか？

A 筒状の容器に入った粉チーズは、パルミジャーノとは別物です。「パルミジャーノ・レッジアーノ」が正式名称で、牛乳から作られるハードタイプのチーズです。かたまりで売られているものを、食べる直前にすりおろして使うことで、香りや風味が立ちます。チーズおろし器をひとつ持っているといいですね。

トマトの水煮で作る
なめらかなトマトソース。
ミニトマトで作る
フレッシュなトマトソース。
どちらも煮るだけの簡単さ。

トスカーナの夏野菜パスタ

私が夏になると必ず作るのが、夏野菜ソースのパスタです。野菜はトマト、パプリカ、玉ねぎ、セロリ、にんじんなど、おいしい夏野菜を取り混ぜて使います。ひとつずつでもいいし、トマトが多くてもいいし、バランスも量もお好みです。

味出しの野菜として玉ねぎは必須。にんじんもよく入れます。それからにんにくは必ず入れます。種を抜いてちぎった赤唐辛子を加えてもいいです。

野菜はヘタや種を取り除き、火が通りやすいように適当な大きさに切ります。にんじんの皮や、セロリの筋はつけたままです。にんにくは皮をむき、包丁の背でたたいてつぶすと香りがよく出ます。

厚手の鍋に、流れるぐらいのオリーブオイルをひいて、野菜をすべて入れ、塩をパラパラとふって、ふたをして弱めの火で蒸し煮にします。好みでバジルを入れても。

じっくりと蒸し煮にすることで野菜から甘みが出て、野菜がやわらかくなります。これをハンディミキサーかミキサーにかけて、とろりとしたクリーム状のソースにする。ゆでたパスタにこのソースをからめるだけなのですが、野菜の甘みとうまみたっぷりで、なんともいえずおいしい。「ポマローラソース」というトスカーナの郷土料理です。

夏野菜ソースのパスタ

Q　家族の食べる時間がまちまちです。パスタの作りおきはできませんか?

A　ロングパスタは無理だけれど、ショートパスタなら〝ゆでおき〟ができます。沸騰している湯に塩を入れて、ショートパスタを3〜4分ゆでたら引き上げてしまう。そしてボウルに入れてオリーブオイルをまぶしておく。ゆで湯はとっておきます。こうして〝ゆでおき〟しておくと、余熱と水分でやわらかくなるので、通常は14分ゆでるショートパスタも、食べるときにあと1〜2分ゆでるだけですむ。ソースは作りおきができるわけですから、すぐにパスタが食べられます。

きのこのオイルパスタ

Q　パンチェッタが手に入らない場合は、普通のベーコンでもいいですか？
A　ベーコンはきちんと作られたものを選びたいです。スーパーに並んでいるベーコンには飴などの甘味剤が入っているものが多く、いい味が出てくれません。そういったベーコンしかない場合は、缶詰や瓶入りのアンチョビ（フィレ）をおすすめします。

秋の楽しみはきのこのパスタ

秋になれば、きのこのパスタです。きのこのうまみの出たソースで食べるパスタは本当においしい。いろいろきのこのオイルパスタは、しいたけ、エリンギ、まいたけ、しめじなどを取り混ぜて作ります。あるいは1種類のきのこたっぷりで作ってもいいですね。きのこは水分が多いので、2人分で両手にいっぱい使っても、煮るうちにかさが減って食べられてしまうものです。

基本のオイルソースをベースとし、きのこは秋の森の恵みですから、味出しに山系のパンチェッタかベーコンを5～6枚使います。

鍋ににんにくと多めのオリーブオイルを入れて、弱火でじっくり炒めて香りを出し、パンチェッタかベーコンの細切りを炒めます。うまみが出たところで、食べやすく裂いたきのこと、辛いのがお好きならば赤唐辛子の小口切りを入れて、ふたをして弱火で蒸し煮にします。途中で塩、こしょうをふり、足りなければオイルをプラスして、きのこがくったりとするまで弱火でじっくりと蒸し煮にします。

この、きのこのうまみがオイルに溶け出したところへ、ゆで上がったパスタを加えてあえるのです。水気が足りないようならパスタのゆで湯少々を加えて、全体をしっかりあえる。これで完成です。アツアツを召し上がってください。

生クリームできのこを煮る。
すると
きのこのうまみがクリームに移り、
最高のパスタソースになる。

クリームパスタに挑戦しましょう

きのこのクリームパスタも、涼しくなると無性に食べたくなるもの。きのこはなんでもいいです。1種類でもいろいろ混ぜてもよく、とにかくたっぷり用意します。私はしいたけが好きなので、しいたけだけのクリームパスタもよく作ります。

材料は2人分でしいたけ20個ぐらい。石づきのかたいところだけ切り落とし、軸をつけたまま手で4等分ぐらいに裂きます。包丁で薄く切るよりも、こうして手で裂いたほうが、きのこのうまみを感じることができるのです。

玉ねぎ半個ぐらいをみじん切りにします。にんにくの香りをつけたければ、丸ごとのにんにくを1かけ（ちょっとだけ香りをつけたいときは、切らないほうがいい）。あればセージを2〜3枚。セージの香りはしいたけととてもよく合います。

生クリームは乳脂肪45パーセントのものを1パック。ひとり分でカップ半分ぐらいが目安。ですが、ひとり分だけを作る場合は、煮詰まって減るので半カップ強必要です。

パスタは、クリーム系のソースはボリュームがあるので、肉厚のショートパスタや平べったいフェットチーネなどが合います。

ソースを作ります。鍋にオリーブオイルを流れるぐらいひいてバター大さじ山盛り1杯ほどを入れ、玉ねぎを弱火でじっくり炒めます。玉ねぎが透き通って香りが出たら、しいたけを入れます。にんにく、セージもこのタイミングで加えます。

しいたけがちょっとしんなりしてきたな、というところで、生クリームを入れて煮ます。生クリームは最初はシャバシャバしているけれど、トローンとしてくるまで弱めの中火で煮詰めると、その頃にはきのこの味が生クリームに出ておいしくなっています。軽く塩、こしょうして、まだかたさの残るパスタを湯から引き上げ、ソースの中に入れます。

アルデンテの手前で引き上げたパスタを、しいたけのうまみの出たクリームソースの中で少し煮るのが、この料理のおいしさのポイントです。煮るときに水分が足りなければ、パスタのゆで湯を少し加えてください。そして、パスタにソースをよくからめながら、自分の好きな歯ごたえになるまで火を入れます。

パルメザンチーズがお好きでしたら——私は好きなので、パスタとソースをあえているところへ、パルミジャーノのすりおろしをたっぷり（2〜3人分で手のひらいっぱいくらい）入れる。するとチーズが溶けてよくからみます。しいたけのソースとパスタが一体化する感じです。お皿に盛って、さらにパルミジャーノをかけて食べるのが好みです。カロリーが高そう？　こってりとコクのあるクリームのパスタを食べるときは、そんなことは忘れましょう。生クリームやバターやチーズを控えるぐらいならば、食べないほうがいい。それくらいおいしい至福のパスタです。

Q　クリームパスタの仕上がりが、ベタベタになってしまいます。

A　はじめにクリームソースを煮詰めすぎかもしれません。とろみがついてきたら、かためにゆでたパスタを入れて、ソースの中で少し煮ますので、そのこともふまえて煮詰めてください。

Q　ほかにどんな野菜が合いますか?

A　生で食べておいしい野菜ならなんでも。スパゲッティとからみやすいことが肝心なので、キャベツなどを使うときは細切りにします。レタス、にんじん、ズッキーニ、セロリ、春菊などでもおいしい。いろいろ試してみてください。

みずみずしい冬のサラダパスタ

秋冬は青菜がおいしい。水菜、ルッコラ、クレソンなどを生のままのせるサラダパスタはうちの定番です。まかないにもよく作ります。野菜は1種類でも、取り混ぜても。スパゲッティと一緒に口に入れるので、葉が細めの野菜が合います。食べやすくちぎってボウルに入れ、オリーブオイル、ワインビネガー（または米酢やレモン汁）、塩、こしょう少々で軽くあえます。サラダを作る感覚で、好みの味つけにすればいいのです。

パスタは1.6ミリ程度のスパゲッティを、塩をしっかりきかせた湯でゆでます。ソースは基本のオイルソース（アリオ・エ・オリオ・エ・ペペロンチーノ）。流れるくらいのオリーブオイル、多めのにんにくのみじん切りを弱火にかけて、にんにくにじわじわと火を通します。途中で粗みじんにした赤唐辛子を加えます。にんにくの焦がしすぎはNG。香ばしいきつね色がベストです。パスタがゆで上がる前ににんにくが焦げそうになったら、火を止めてしまいましょう。

ゆだったパスタをソースの鍋に入れ、必要ならゆで湯を少し足して、味をからめて器に盛ります。サラダをふわっとのせれば完成です。塩気のついたパスタだからこそのおいしさ。あとで塩味を足すのは難しいので、ゆで湯に塩をきちんと入れることです。

家のミートソースはおいしい！

台所で鍋がコトコト煮えているのは、それだけで温かい風景です。時短料理が流行ですが、煮込み時間が長い料理というのも、寒い季節にはよいものです。

ミートソースはみんなが大好き。うちではミートソースにも野菜をたっぷり入れます。肉よりも野菜のほうが多いぐらい。肉だけよりも軽やかなソースになり、野菜からもよい味が出ます。煮込む時間は少量でも多めでも一緒ですから、一度に4〜6食分のソースを作りましょう。もちろん冷凍保存もできます。

材料です。牛ひき肉あるいは合いびき肉500グラム。玉ねぎ2個、にんじん2本、葉付きのセロリ2本……これらの野菜は西洋料理の味出しの必須アイテムです。にんにく2かけ。しいたけ5個……これはオプションの野菜で、マッシュルームなどでもいいです。以上の野菜はすべてみじん切りにします。

トマトの水煮缶を1〜2缶（ミキサーでトマトを細かく攪拌して使用）、またはパッサータの大びん1本。トマトはトマト味の濃いのが好きなら多く入れ、肉を感じたいなら少なめに。赤ワイン1本ぐらい。オリーブオイル。タイムやバジルなどのドライハーブはお好みで（タイムやオレガノをたっぷり入れるとおいしいです）。塩、こしょう。これがソースの全材料です。

コツ1　野菜の甘みを出す

では、作りましょう。

煮込み鍋にオリーブオイルを流れるくらい、にんにくのみじん切り1かけ分を入れて弱火にかけ、じっくりと炒めます。にんにくが色づいてきたら野菜をすべて入れて、弱めの中火で炒めます。次にふたをして、弱火で蒸し煮にし、野菜の甘みとうまみを引き出します。

コツ2　牛肉の水分を飛ばし、うまみを凝縮させる

煮込み鍋で野菜を蒸し煮にしている間に、フライパンにオリーブオイル大さじ1、にんにくのみじん切り1かけ分を入れて弱火にかけ、じっくりと炒めます。にんにくが色づいてきたら、牛ひき肉を入れてほぐしながら炒めます。ここで牛肉の水分をしっかり飛ばすように炒めて、牛肉のうまみを凝縮させるのがポイントです。水分が飛んで、脂がにじみ出てくるぐらいに充分に炒める。そして煮込み鍋に移します。

空いたフライパンに赤ワインを適量注いで火をつけ、フライパンについた肉汁を洗うようにして、これも煮込み鍋に加えます。鍋の中を見て、ひたひたになる程度に赤ワインを足します。

コツ3　時間をかけて煮込む

煮込み鍋を強めの中火にかけます。ワインのアルコール分を蒸発させたいので、ふたはしないこと。鍋がグツグツと煮立って、ワインがかなり蒸発してきたところで、トマトの水煮かパッサータを加えます。

再び沸騰したら、ふつふつと静かに沸く火加減にして、ハーブを好みで加え、ときどき混ぜながら1時間半〜2時間かけてゆっくりと煮込みます。塩、こしょうで味をととのえれば完成です。私はハーブの香りが好きなので、仕上がってからさらにタイムなどを加えます。できあがったミートソースは、1日寝かせましょう。そうすると、すごくおいしくなる。

ミートソースに合うのは、太めのスパゲッティか肉厚のショートパスタ。ソースを温めて、ゆで上がったパスタをソースの鍋に入れ、しっかりと味をからめて器に盛ります。パスタにからめるソースは、ちょうどよく混ざるくらいにしましょう。もっとソースが欲しい人は、さらにソースを上にかけて召し上がれ。家ですから、こんなわがままも許されます。ミートソースは、パルミジャーノをたっぷりすりおろして食べるのがおいしいです。

Q　どうもワインの香りが強いような気がします。
A　ワインを入れてからの煮込み時間が短いのかもしれません。よく煮ればワインの香りではなく、深いうまみや酸味が出てきます。

Q　パルミザンチーズ（パルミジャーノ）の使いかけはどのように保存しますか？
A　アルミ箔でぴっちり包んで、冷蔵庫に入れます。

野菜のうまみ、
肉のうまみ、
赤ワインのうまみ、
トマトのうまみ。
全部が合わさって
ミートソースができます。

番外編

毎日のごはんは「しりとり」です

Q
毎日、献立を考えるのが大変です。
どのようにすればいいのでしょうか？
A
そのときにあるもので、
サッと作ったおかずを
並べればいいのです。

たとえばある日の昼ごはんは……

旅館の朝ごはんのような献立を、買い物から一から始めるのは、たまにならいけれど、ふだんの生活の中では至難の業です。暮らしはつながっていくものですから、まずは、そのときに台所にある材料で何かを作って食べようと考えるのが、現実的ではないでしょうか。私はそうです。

たとえば、ある日の昼どき。仕事の合間にスタッフと一緒に食べたのは、次のようなものです。

なす、しそ、みょうがのみそ炒め。野菜をごま油で炒め合わせて、みそで味つけしました。お酒も入れずに、みそだけの味です。

ひじきのシンプル煮（常に作りおきが冷凍庫に。177ページでご紹介）。これに、ピーマンのせん切りを軽く炒めて、しょうゆを少したらしたものを混ぜました。

たらこが一腹あったので、等分に切って4人で分けました。

春菊とアスパラガスとオクラをサッとゆで、食べやすく切ってお皿に盛って。「味をどうしようかな」と思い、ごまをパラリとふりました。

ご飯の入ったおひつをテーブルに置き、おかずを並べて「さあ、いただきましょう」。食べながら私はスタッフに聞きました。「おしょうゆ、いる？」「いりませんね」。

それで、ゆでた春菊とアスパラガスとオクラは、しょうゆをかけずに食べることに。みそ、しょうゆ味のおかずがほかにあるので、さらなる味は必要なし。ぱらりとふったごまの香りだけで、野菜のほのかな甘みや苦みを味わうおかずが、むしろ爽やかでおいしく感じられました。

こんなふうに、そのときにある材料でサッと作る献立が、私たちの日常だと思います。もしも同じ食卓に育ち盛りの人がいたら、肉や魚を焼いておかずを追加すれば、彼らも満ち足りるはずです。

味のバランスをみる

ひとつの献立の中で、栄養のバランスが完璧でなくてもいい。朝昼晩のトータルでバランスがとれていればいいんじゃない?と私はラフに考えています。

献立の中で気を配りたいのはむしろ、味のバランスです。

たとえば、かぶの塩もみ（102ページ）を作ることにして、冷蔵庫に鮭の切り身が2切れ残っている、というようなとき。鮭は網で焼き、手でおいしそうにほぐして人数分に分けて器に盛り、ごまをふる。ごまの香りで食べます。

あとは、煮干しのだしで作った豆腐とわかめのおみそ汁、おひつに移しておいしくなったご飯。想像しただけで食欲が湧いてきませんか?

かぶと鮭のほのかな塩分、柑橘類の酸味、ごまの香ばしさ、みその香り……さまざまな味が献立の中にあります。もちろん、かぶは塩もみの味だけにして、焼き魚のほうに柑橘類を搾りかけてもいいですし、そのあたりは気分で決めればよいのです。

かたい味、やわらかい味

味に加えて、食感の違うものが献立の中にあることも大切です。口あたりのやわらかい、ふわっとしたものはおいしいけれど、そればかりでは物足りないのです。

この本で紹介した、鶏ひき肉と野菜の炊き込みご飯（34ページ）は、根菜の歯ごたえは多少ありますが、やわらかいホッとする味のご飯です。ほかに何か、パリッとした〝かたい〟〝強い〟おかずが欲しい。ご飯にひき肉が入っているから、魚のおかずがいいかな……と考えて、いわしのフライ（前著『レシピを見ないで作れるようになりましょう。』158ページで紹介）を作ることに。カリッと揚がったフライの衣で、食感のバランスがとれるわけです。フライの下に敷いた、生のキャベツのフレッシュさ。スパイスの効いたソースの味も含めて、力強い一皿です。男性にも喜ばれそう。

炊き込みご飯、いわしのフライときたら、あと足りないのは緑の野菜ですね。小松菜ときのこのごまあえ（92ページ）を加えましょう。これで、見た目、素材、味、食感、すべてのバランスがとれた献立のできあがりです。

献立で大切なのは
いろいろな味があること、
いろいろな食感があることです。

Q
おかずの作りおきをすれば
食事作りがラクになりますか？
A
ひじきの煮物、納豆など
体によくて
いろいろな素材と合う
おかずを常備して、
「献立のきほん」にするのがいいです。

きほんのおかず、ひじきのシンプル煮

わが家の作りおきおかずの筆頭は、ひじきのシンプル煮です。冷凍庫にも「たいていあるもの」です。ひじき1袋を一度に全部使って、たっぷり作ります。小分けにして冷凍し、いろいろに食べて、なくなったらまた作るという感じで、本当に絶やさないのです。つまりそれほど便利なおかずです。

ひじきのシンプル煮の作り方です。

ひじきはそのときどきで違う産地のものを使いますが、私はあまり小さな芽ひじきは選びません。長崎産や千葉の房州ひじきなど、長さも太さもある程度しっかりとあるひじきを使います。

大きなボウルにざるを重ね、ひじきを入れ、水をたっぷり注ぎます。手でシュッシュッと混ぜるようにして、ひじきを洗い、ざるごと引き上げ、水を2〜3回替えて洗い、汚れを落とします。

ひじきは水に浸けてもどしますが、もどし時間はひじきによって違うので、何分とは言えません。でも、触ればわかる。爪先でひじきをキュッと押してみて、切れればもどっています。もどしすぎのやわらかいひじきは好きではないので、早めに水から引き上げます。

ボウルの水を捨てて、ざるをしばらく斜めにしておけば、自然に水がきれます。もどして水気をきったひじきをまな板にのせ、包丁でザクザクと適当に切ります。大きな鍋に、鍋底を覆うぐらい（大さじ2〜3）のごま油かオリーブオイルをひいて熱し、ひじきを入れて中火で炒めます。

ひじきに油がまわって、つややかになってきたら、しょうゆ大さじ3〜4を加えて、ときどき混ぜながら汁気がほとんどなくなるまで中火で煮ます。これだけです。とても簡単。しょうゆだけの味つけのときもあれば、みりんを少し加えたり、お酒を加えることもあって、そこらへんは好みと気分で決めればよいのです。

1袋のひじきですから、たっぷりの炒め煮ができます。あら熱がとれたら、小さな密閉容器に1回分ずつに分けて入れ、冷凍します。冷蔵庫に入れっぱなしにしておくと、味が落ちてきます。だから冷凍がおすすめです。

ひじきのおかずのしりとり

ひじきのシンプル煮は、じつにいろいろな食べ方ができます。

そのまま食べてももちろんおいしいですし、先にも書いたように、ピーマンのせん切りのしょうゆ炒めを混ぜても。ピーマンの青くささとひじきは相性よしです。

ひじきご飯もよく作ります。炊きたてのご飯に、ひじきのシンプル煮を混ぜるだけ。

ひじきご飯

ひじきの卵焼き

ひじきと豚肉の炒め煮

ひじき納豆

白ごまや小松菜の塩もみを混ぜたり、おむすびにしてもいいですね。

ひじきの卵焼きもおいしいです。卵を溶いて、メープルシロップ（卵1個につき、大さじ半分くらい）、塩少々、酒大さじ1くらいを混ぜます。ここに、ひじきのシンプル煮を半カップほど入れて、油をひいた直径18センチくらいの小さいフライパンで卵焼きを作ります。これは酒の肴にも、お弁当のおかずにもなります。

ひじきと豚肉の炒め煮もおすすめです。鍋に油を材料がくっつかない程度にひいて、細切りにした豚肉とひじきのシンプル煮を炒めるだけ。味が足りなければ、しょうゆを補って。しょうがや七味を加えてもいいです。白いご飯の格好の友です。

少量ずつに分けて冷凍しておくので、ひじきのシンプル煮は冷凍庫から出してしばらくおいておけば、すぐに解凍できます。豚肉と炒めるようなときは、ひじきが凍ったままでも大丈夫です。

ひじき納豆も私は好きです。普通の納豆にひじきのシンプル煮を混ぜるだけですが、これがとてもおいしい。さらにそこに大根の葉っぱでも小松菜でも、細かく切って塩もみした青菜を加えてもいいです。この食べ方をお教えした方から、後日、「最初から混ぜてしまわずに、ひじき、納豆、青菜の塩もみを皿に盛り合わせてみたら、なかなかすてきな一品になりました」と報告がありました。

まぐろ納豆

きんぴら納豆

納豆がおもてなし料理になる！

納豆は、わが家にいつもある食材です。大粒の納豆をパックのまま冷凍しておきます。納豆もいろいろな食べ方をします。小松菜などの青菜の塩もみを混ぜたり、小さく切った古漬けのたくあんを混ぜたり。

小さな角切りにしたまぐろときゅうり、長ねぎのみじん切り、青じそのせん切りなどを納豆に混ぜるまぐろ納豆は、おもてなし料理にもなる豪華さ。全体を混ぜて、しょうゆや練りがらしを加えて食べるのですが、温かいご飯にのせてどんぶりにしても最高です。

きんぴらごぼうを混ぜた、きんぴら納豆もとてもおいしい。

私はごぼうだけのきんぴらを作ります。ごぼうをタワシで洗い、一本一本に皮がついているようにしたいので、斜め薄切りにしてからせん切りにします。これをごま油をひいた鍋で炒め、酒、みりんまたはメープルシロップ（甘すぎないように注意して）、しょうゆを加えて、汁気がなくなるまで煮ます。

こうして作ったきんぴらごぼうを、ぜひ納豆に混ぜて食べてみてください。意外なおいしさで、きっと人にも教えたくなることでしょう。

「ちょこっとしたおかず」を充実させる

これまでお話ししてきたように、私がいつも食べているのは、本当に地味なものばかり。ひじき、納豆、青菜の塩もみ、きんぴらごぼう……これらのおかずが2つぐらいあって、あとは旬の野菜をサッとゆでたり蒸したり炒めたりして、シンプルな味つけで食べる。それと、ご飯とおみそ汁。これが献立の基本です。

この基本がしっかりあれば、たまに外で食べすぎるようなことがあっても大丈夫。そして、献立に悩まずにすみます。そのときに冷蔵庫や冷凍庫にあるものを組み合わせるだけで、自然と献立ができてしまうのですから。

肉や魚のおかずが欲しい家ならば、こうした基本の献立に、何か一品追加すればいいわけです。ところが逆が多い。お刺身だけ買ってきて、あと何を食べたらいいだろう……と悩んでしまう。お刺身やお肉などにいくらお金をかけても、それだけではバランスのとれない貧しい食卓です。

順番を逆にしましょう。昨日はひじきにピーマンを入れたから、今日はひじきと納豆を混ぜて、明日は納豆に青菜の塩もみを入れて……と、しりとりのようにつながっていく暮らしの中の「ちょこっとしたおかず」、それこそが大事。こうしたおかずこそ、レシピを見ないで作る「うちのごはん」の本当の花形です。

索引

50音順

［パスタ］

有元葉子 ありもと・ようこ

3人の娘を育てた専業主婦時代に、家族のために作る料理が評判となり、料理家の道へ。素材を活かしたシンプルでおいしい料理だけではなく、洗練された暮らしぶりや、軽やかに人生を楽しむ生き方が世代を超えて熱い支持を集めている。メーカーと共同開発するキッチン用品「ラバーゼ」のシリーズは使いやすさと機能美を追求し、ファンが多い。イタリア中部にも家を構え、本場の家庭料理にも詳しい。著書に『レシピを見ないで作れるようになりましょう。』(SBクリエイティブ)、『私の住まい考 家と暮らしのこと』(平凡社)、『使いきる。有元葉子の整理術 衣・食・住・からだ・頭』(講談社)など多数。

https://www.arimotoyoko.com/

ブックデザイン　若山嘉代子 L'espace

撮影　三木麻奈

構成　白江亜古

編集担当　八木麻里

＊本書をお読みいただき、
ありがとうございます。
ぜひ、レシピを見ないで作ることに
チャレンジし、その体験談を
愛読者アンケートはがき(本書挟み込み)
にてお寄せください。
有元葉子、編集スタッフ共々、
お待ちしております。

ごはんのきほん
レシピを見《み》ないで
作《つく》れるようになりましょう。

2018年10月1日　初版第1刷発行
2018年10月5日　初版第2刷発行

著者　有元葉子
発行者　小川 淳
発行所　SBクリエイティブ株式会社
〒106-0032
東京都港区六本木2-4-5
電話 03-5549-1201(営業部)
印刷・製本　萩原印刷株式会社

落丁本、乱丁本は小社営業部にてお取り替えいたします。
定価はカバーに記載されております。
本書の内容に関するご質問等は、小社学芸書籍編集部まで
書面にてお願いいたします。

ISBN978-4-7973-9733-8